DES ABUS

I. Des Agents de la Loi : Huissiers, Avoués, Notaires, Agréés,
   Syndics de Faillite, etc., etc.

II. Du Commerce des Vins et Spiritueux.

MOYENS DE LES COMBATTRE

PAR LA

MUTUALITÉ

PAR

A. ROBERT

Ancien Avoué

CHALON-SUR-SAONE

IMPRIMERIE ÉMILE BERTRAND
5, Rue des Tonneliers, 5

1900

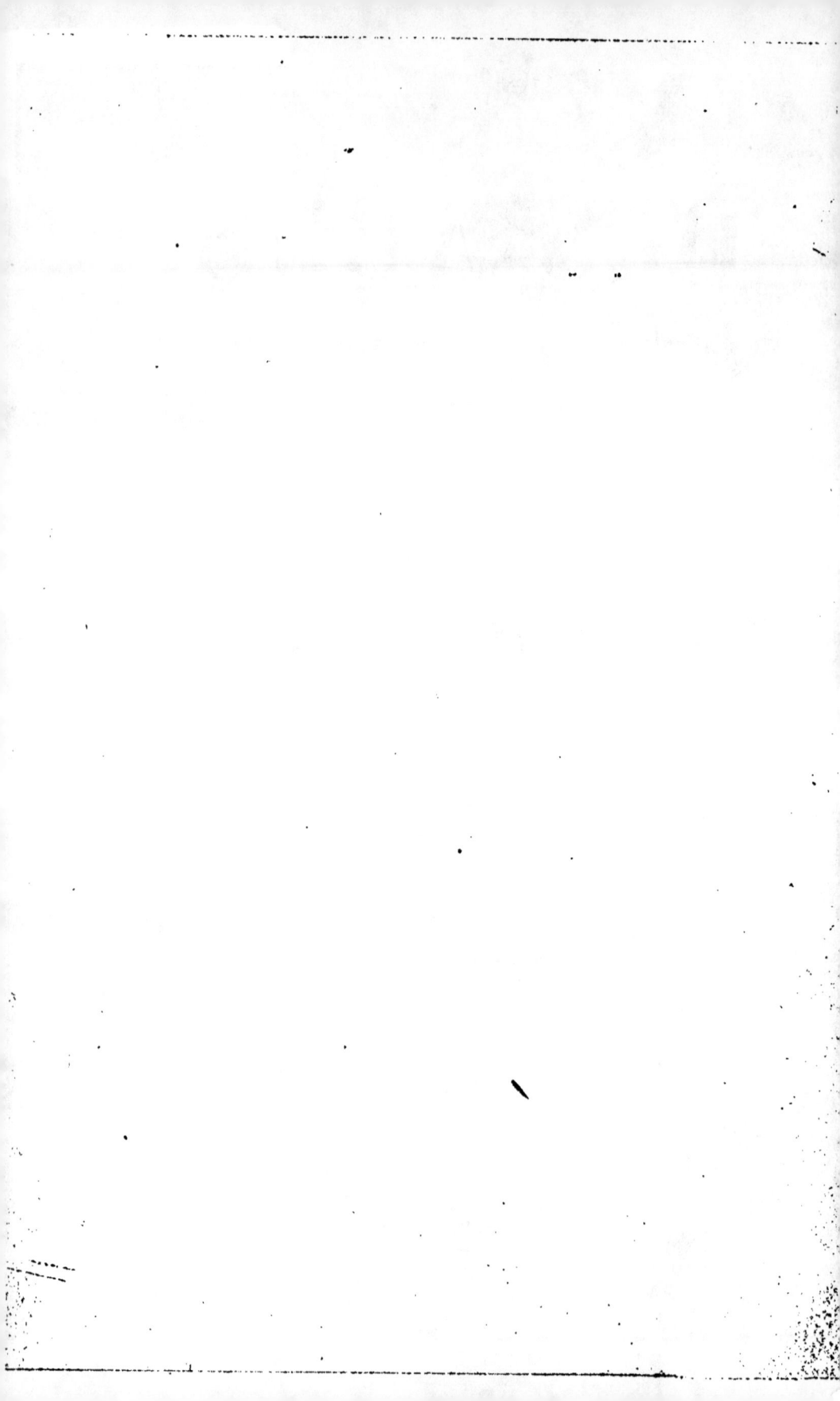

AVANT-PROPOS

I

En écrivant cette brochure, nous n'avons pas eu la prétention de mettre entre les mains de nos lecteurs ce que l'on appelle communément un « Guide en affaires ».

Ces « Guide en affaires », de forts volumes, contenant des extraits de tous les formulaires de procédure, d'actes notariés, d'articles de nos Codes, de lois anciennes ou récentes, sont présentés par leurs auteurs comme pouvant être de quelque utilité dans le labyrinthe des affaires judiciaires et notariales.

Eh bien, nous qui avons fréquenté pendant près de 25 ans les palais de justice, nous devons à la vérité de dire que quand on a en mains l'un de ces ouvrages on est moins avancé que si on n'avait rien.

En effet, ou on a eu une connaissance quelconque des affaires, et alors un Code suffit ; ou on n'a jamais eu occasion de s'occuper d'affaires, et alors il n'est pas plus facile de se reconnaître dans cette compilation de 6 à 700 pages que dans nos Codes réunis. De plus, on ne trouve dans ces ouvrages aucune explication sur la conduite que doivent tenir envers le plaideur ou les contractants les avoués, huissiers, notaires et autres agents de la loi.

C'est uniquement ce dernier point que nous avons en vue en établissant ce que nous pourrions appeler le « Guide à travers les agents de la loi ».

Il faudrait écrire plusieurs volumes pour expliquer les nombreuses embûches qui sont tendues au simple particulier sur le chemin des affaires.

Notre cadre est trop restreint pour que nous puissions signaler tous les abus, toutes les irrégularités qui se commettent dans le monde judiciaire.

Nous nous contenterons d'en indiquer quelques-uns, les principaux, et d'appeler l'attention de nos lecteurs sur les précautions à prendre avec ce que l'on appelle, en termes de palais, les auxiliaires de la justice, qui ne sont autres que les avoués, huissiers, greffiers, notaires, syndics de faillite et liquidateurs judiciaires, etc., etc.

II

D'autres abus sont commis par le commerce et l'industrie. Il s'agit de l'accaparement et de la falsification des matières de consommation. Ce sont ces procédés qui ont fait proclamer par le Congrès des Sociétés coopératives tenu à Paris en juillet 1900, « l'immoralité du système commercial et industriel actuel ».

Nous signalons les coupables manœuvres qu'il nous a été donné de reconnaître dans le monde commercial.

III

Nous terminons par quelques considérations sur la mutualité, au point de vue pratique, et comme moyen de supprimer la plus grande partie des maux dont l'humanité reste toujours si affligée.

INTRODUCTION

Nous ne saurions mieux faire que de placer en tête de notre critique l'appréciation, sur les charges ministérielles d'un homme de talent et compétent en cette matière.

Ayant, comme nous, vécu parmi les officiers ministériels, il s'est cru obligé d'appeler l'attention publique sur des institutions qui ne devraient plus être de notre temps. Il l'a fait par une série d'articles parus dans le journal « Lyon Républicain », dont il est un des plus spirituels correspondants parisiens.

Voici donc comment s'exprime M. E. Lepelletier au sujet de ce qu'il appelle « un déplorable et ruineux édifice du passé » :

« Les offices ministériels, ou charges d'avoués, de notaires, d'huissiers, d'agréés et aussi les cabinets d'agréés et de syndics de faillite, doivent enfin attirer l'attention, dans un pays démocratique.

» Ces offices qui, étant reconnus par l'autorité, constituent à la fois des fonctions et des établissements de commerce, apparaissent assez justement, à celui qui les connaît, comme des cavernes d'injustice, comme des repaires d'exactions. Ceux qui les détiennent ont remplacé les possesseurs de châteaux forts d'autrefois, barrant les routes et gardant les ponts. Ces privilégiés pillards rançonnaient l'habitant, détroussaient le passant, exigeaient du voyageur un péage onéreux. Il n'était pas possible de se soustraire à leurs redoutables exigences. Le système politique et social d'alors était pour eux. Le nôtre est pour les avoués, notaires et autres brigands judiciaires.

» Au moins, ces barons, sous les exigences desquels il fallait passer lorsqu'on avait un voyage à accomplir, un pont à traverser, une route à parcourir, prétendaient-ils, en échange de la rançon, garantir à ceux qu'ils pressuraient la liberté de la route, le passage du pont et la sécurité du voyage. Ils se donnaient, ces chevaliers rapaces, comme les protecteurs des faibles, comme les défenseurs capables de ceux qui ne savaient pas manier les armes et à qui manquait la pratique des combats.

» Nos avoués, nos notaires, nos huissiers semblent, eux aussi, institués pour protéger les faibles et pour défendre, avec les armes légales, ceux qui ne savent pas se servir des articles du Code et qui ignorent la joute des contrats. Mais leurs pillarderies n'ont pas l'excuse qu'avaient celles des défenseurs féodaux, de s'exercer dans un état social à demi barbare, et l'on doit s'étonner, s'indigner aussi, que ce soit au nom de lois révolutionnaires que ces privilégiés prélèvent sur le public des dîmes exorbitantes.

» Nous n'avons plus le droit du seigneur, mais nous subissons le droit du robin, du titulaire de charges privilégiées. Ces officiers ministériels perpétuent les mœurs et les abus de l'ancien régime à travers la société moderne.

» La loi, sottement et fâcheusement, les institue et les protège. Il y a plusieurs de ces offices qui sont en dehors de l'investiture légale. Ce ne sont pas les moins dangereux, ni ceux où les exactions soient les moins fréquentes. Ainsi, dans l'ensemble de ces parasites sociaux, les plus avides et les moins licites, ce sont peut-être les agréés et les syndics de faillite, qui ne doivent leurs privilèges qu'à l'arbitraire et à la complicité des magistrats consulaires.

» Dans une série d'articles, que nous documenterons, que nous étayerons de pièces et de preuves, nous établirons que ces charges ou études sont nuisibles à la fortune publique, qu'il est surprenant qu'elles se soient perpétuées jusqu'à nos jours et que rien ne serait plus facile que d'obtenir leur suppression.

» Une réserve doit être faite pour la corporation la moins estimée, la plus attaquée, la plus justement odieuse au public, celle des huissiers. Elle ne saurait être entièrement supprimée. Il faut nécessairement qu'il y ait des agents d'exécution. Appelez-les sergents, recors, appariteurs ou huissiers, il est nécessaire, lorsqu'un litige a été tranché par une décision de justice, de faire intervenir un agent subalterne qui donne la sanction au jugement.

» On pourrait justement rogner les griffes à ces rapaces corbeaux, mais c'est surtout des vautours que nous devons nous préoccuper.

» Les huissiers pourraient être remplacés dans certains cas, comme pour le protêt, qui est une procédure illusoire, la remise d'une carte, par un avis postal analogue à celui qui est laissé aux destinataires d'un mandat à recouvrer par la poste. Le seul effet du protêt est de constater que les fonds d'une valeur, venue à l'échéance, n'ont pas été versés par le débiteur. Ce défaut de payement résulterait suffisamment de la constatation, par la poste, du non-retrait, dans le délai imparti, de la valeur en souffrance. Ce mode de constatation, au lieu de coûter 6 fr. 50, 8 et 9 fr., selon les cas, reviendrait à 0,25. Le débiteur gêné qui ne peut pas payer le principal, voit immédiatement sa dette augmenter, et c'est là un abus et un supplément fiscal analogue à une amende. Supposons un effet non payé de 15 francs et un protêt de 7 fr. 50, c'est une majoration de cinquante pour cent que supporte le débiteur déjà dans l'embarras. N'est-ce pas inique et antisocial?

» Malheureusement, en ce qui concerne les frais d'huissiers, le fisc y prend sa part très large. La réforme judiciaire, en ce qui touche les huissiers, est donc moins aisée, puisqu'il faut toucher à une question budgétaire. Il n'en est pas de même du monopole inutile, coûteux et facile à supprimer, comme nous le montrerons, de MM. les Avoués et Notaires.

» E. Lepelletier. »

(Lyon Républicain du 30 avril 1900).

PREMIÈRE PARTIE

DES ABUS DES AGENTS DE LA LOI

I

HUISSIERS

L'huissier est un officier ministériel avec lequel on est en contact toutes les fois que l'on a des contestations avec autrui.

Ses attributions, ses droits et ses obligations sont rigoureusement définis par les lois organiques ; mais, dans la pratique, ces agents de la loi passent souvent à côté des lois et règlements, surtout en ce qui concerne le coût de leurs exploits.

Le tarif légal est souvent, pour ne pas dire presque toujours, violé par eux, surtout dans les petites villes, où leurs agissements ne sont jamais contrôlés.

Nous émettons en fait que 80 pour cent des huissiers de province font sur le coût de leurs actes des forcements qui atteignent une moyenne de 2 francs par acte. De cette façon, un huissier qui fait 600 actes par an, se procure un bénéfice illicite de 1,200 francs. S'il exerce pendant vingt ans, c'est donc une somme de plus de 20,000 fr. qu'il réalise ainsi d'une façon illégale et en transgressant les tarifs.

Nous avons connu des ressorts, c'est-à-dire des régions, où tous les huissiers portent sur leurs actes un droit de « poste », « correspondance », ou « port de pièces » de 1,50, alors qu'il ne leur est dû de ce chef strictement que les déboursés.

De même pour la copie des actes dont ils font la signification, ils ont l'habitude de majorer ce droit de plus du double. Si le tarif leur accorde 1 fr. 50 ou 3 fr., il est bien rare qu'ils ne prennent pas 3 fr. et 6 fr., si ce n'est davantage.

Pour les actes qui sont destinés à une taxe obligatoire, comme en matière de saisies immobilières et autres ventes judiciaires d'immeubles, les juges taxateurs consciencieux de leur devoir réduisent tous ces forcements ; mais combien de magistrats qui ne font qu'apposer leur visa et taxer régulièrement conforme et de confiance !...

D'autre part, combien d'actes d'huissier qui ne passent point à la taxe ?

Dans les procédures un peu compliquées, telles que saisies-exécutions et ventes mobilières, saisies immobilières, nous avons vu toujours les frais majorés dans de notables proportions.

Aussi, à ceux qui doivent, en définitive, payer les pots cassés, nous ne saurions trop recommander d'exiger que les frais soient toujours taxés par le magistrat compétent, c'est à-dire par le président du tribunal civil ou un juge délégué par lui.

Un abus fréquent des huissiers, c'est celui de se faire payer, comme inhérents à l'acte qu'ils ont signifié des droits imaginés par eux, tels que : dossier, correspondance, peines et soins, etc. A moins que l'huissier n'ait été chargé d'une affaire spéciale, une négociation qui ne rentre pas dans ses attributions, il ne lui est dû que les émoluments prévus par le tarif.

Il est d'usage, chez eux, de réclamer des droits de recouvrement, lorsqu'ils encaissent une somme dont ils poursuivaient le payement. Ceci n'est pas prévu par le tarif.

Ainsi, sur un commandement qui lui est signifié, un débiteur verse la somme réclamée entre les mains de l'huissier, celui-ci n'a droit qu'aux frais de son commandement et à rien de plus. Dans l'usage, le créancier lui abandonne des honoraires, mais c'est absolument facultatif de sa part, et il n'est nullement engagé par les décisions prises par les huissiers et qui fixent un taux de 2, 3 ou 5 0/0 sur les recouvrements de créances. Ces officiers ministériels ne peuvent exiger que les droits accordés par le tarif légal.

Encore une irrégularité des plus graves et que les huissiers commettent parfois :

Lorsque les banques leur donnent des effets à recouvrer sur un lieu distant de plusieurs kilomètres de leur résidence, il n'est pas rare de rencontrer des huissiers qui, pour avoir le droit de protester des effets qui sont tirés sans frais, n'effacent par un trait de plume la mention « sans frais » qui se trouve sur l'effet ou traite.

La rature de la mention « sans frais » n'est ni plus ni moins qu'un faux; et nous engageons les tirés qui se trouvent dans la position que nous venons de signaler, à déposer une plainte au parquet. Le parquet recherchera quel est l'auteur de la rature. Quelquefois, c'est le banquier dernier porteur de l'effet, mais le plus souvent c'est l'huissier qui n'agit ainsi que pour rendre susceptible de protêt un effet que le tireur a cependant voulu dispenser de cette formalité.

Si, malgré la dispense de protêt, l'huissier croit avoir le droit de protester, le débiteur ne peut être tenu des frais de ce protêt.

Indiquons, enfin, que le ministère d'huissier est forcé, c'est-à-dire que les huissiers ne peuvent se refuser à signifier les actes de leur ministère ; mais ils ont le droit d'en exiger le coût d'avance, sauf taxe bien entendu, et de se faire donner un modèle écrit lorsqu'ils le jugent utile.

Toutefois, il n'est pas besoin de les violenter pour les faire instrumenter. C'est le contraire qui se produit le plus souvent.

Bien des frais et des ennuis, très graves parfois, seraient évités à des personnes portées de bonne volonté, mais momentanément dans l'impossibilité de remplir des engagements pris, si au lieu de charger de faire les réclamations les huissiers qui ont tout intérêt à ce que le débiteur ne puisse point s'exécuter, on chargeait un mandataire officieux, un ami commun par exemple, du rôle de médiateur entre débiteurs et créanciers, car ce mandataire aurait plutôt intérêt à obtenir une solution amiable, ce qui se produirait dans la plupart des cas.

Dès qu'un débiteur honnête, mais malheureux, a commencé à recevoir du papier timbré, il se décourage et parfois, en réponse aux vexations des hommes de loi qui s'acharnent après lui, il cherche et trouve, dans des combinaisons plus ou moins honnêtes, mais permises, le moyen de soustraire à son créancier un gage qui aurait suffi à le désintéresser par les voies amiables et qui, dans le cas de poursuites judiciaires, ne suffira pas à payer les frais exposés par des agents qui vivent et s'enrichissent au détriment des débiteurs malheureux et des créanciers trop rigoureux.

Voici comment M. Lepelletier s'exprime au sujet des huissiers dans un article paru dans le *Lyon Républicain* du 28 juin 1900 :

« *Les Transports des Huissiers*. — Voici la fin du mois; occupons-nous, aujourd'hui, de MM. les Huissiers. Le mois de juin n'est-il pas consacré à cette redoutable corporation, puisque, comme l'on dit dans les tables d'hôtes joyeuses : C'est le 19 juin qu'on fête saint Protais !

» Parmi les très nombreuses lettres que je reçois, à la suite de mes articles sur les charges ministérielles, j'en trouve une me signalant l'un des abus les plus criants, celui de la présentation d'un effet et de son protêt par un huissier autre que celui du canton où l'effet est payable.

» Mon correspondant me rapporte que, négociant à FIR-MINY, une traite lui revint protestée, majorée de 11 fr. 25 par ce fait que le banquier, un Stéphanois, l'avait fait présenter par son huissier, demeurant à Saint-Étienne. D'où le prix de la course absolument inutile, puisque le protêt eût été aussi régulier fait par un huissier de FIRMINY, sans transport.

» Le même correspondant m'écrit : Une autre fois, j'avais fourni traite sur un négociant de NOIRÉTABLE. Noirétable est un chef-lieu de canton. Mon mandat, après plusieurs endossements, devint la propriété d'un banquier de Boën. Boën est un chef-lieu de canton. Ce banquier avait son huissier particulier à Boën, par lequel il fit présenter ledit mandat à Noirétable. Comme ce mandat fut protesté, les frais du protêt furent de 17 fr. 10 pour 80 fr. 30. L'huissier avait compté sa course 10 fr., de Boën à Noirétable.

» Si la loi permet à tous les huissiers d'un arrondissement d'instrumenter dans ce même arrondissement, on n'y voit aucun inconvénient; mais qu'il soit, du moins, défendu à l'huissier qui dresse un protêt de faire payer sa course un prix plus élevé que ne devrait le faire l'huissier le plus rapproché du lieu qu'habite l'individu qui se laisse protester.

» Les abus commis par ces officiers ministériels sont innombrables. L'un des plus fréquents consiste à exiger des transports indus. Ils se chargent des recouvrements à des prix très rémunérateurs. Voici comment ils procèdent d'ordinaire dans les environs de Paris :

» Ils reçoivent une traite de Paris, par exemple, sur la banlieue, à l'échéance du 30 novembre. Traite acceptée, tirée par un particulier quelconque, passée à l'ordre d'un établissement de crédit, Société générale ou Crédit Lyonnais. Ils se gardent bien de présenter la traite au jour indiqué par l'effet. Ils laissent passer quatre, cinq, dix jours quelquefois, et se présentent inopinément au domicile du tiré. Ils supposent que celui-ci sera absent. L'argent laissé le jour de l'échéance peut avoir été retiré, personne ne s'étant présenté pour l'encaisser. Les habitants des zones suburbaines des grandes villes sont souvent hors de leur résidence dans la journée.

» Le débiteur peut être retenu à la ville ou avoir cru à une erreur de son fournisseur, l'ayant mal avisé qu'on lui présenterait à telle date une traite. L'huissier se trouve alors à peu près assuré de son protêt. Si par hasard l'argent est déposé, si le débiteur est présent ou que quelqu'un se trouve là pour répondre au jour inattendu où l'effet est présenté, l'huissier n'y perd rien. Il réclame des frais de course plus élevés, à raison de la distance, que le taux ordinaire de la course, deux francs. La chose m'est arrivée à moi.

» J'ai refusé ce supplément d'honoraires, non prévu au tarif, et j'ai envoyé directement au fournisseur le montant de sa traite, annoncée, mais pas présentée à l'échéance. Il est évident que la Société Générale, dont j'avais vérifié l'endos, 29 octobre, n'était pas fautive. L'huissier chargé du recouvrement avait gardé la traite huit jours, dans son étude, afin de bénéficier de son transport et du protêt. Lesdits protêt et transport ont dû être payés par le commerçant ayant passé traite. Il n'était pas fautif cependant, ayant remis sa traite à l'encaissement en temps utile. Il aura dû payer quand même. Il n'y a donc pas que les débiteurs qui soient victimes des exactions des huissiers. Les créanciers aussi sont par eux mis en coupe réglée. C'est le transport forcé.

» Les abus du transport ne sont pas les seuls à signaler de la part des huissiers.

» Cependant, on me dit que, dans la région lyonnaise, on n'a pas trop à se plaindre de ces officiers ministériels. Il faut considérer que leur situation est à part.

» On peut supprimer les notaires, nous l'établirons; on doit supprimer les avoués, nous l'avons établi. Quant aux huissiers, on ne peut songer à les supprimer totalement; on ne peut se passer entièrement d'eux. Il faut nécessairement maintenir des agents d'exécution. Les fonctions des huissiers étant multiples, on pourrait les diviser. Ce qu'il faut surtout, c'est leur enlever le plus possible d'actes de procédure, de significations, pour les confiner dans les procédures d'exécution.

» En ce qui concerne l'abus des transports, une circulaire du garde des sceaux, il y a deux ans, je crois, avait été préparée, tendant à interdire aux huissiers de faire des recouvrements hors de leur canton. On voit par la plainte de mon correspondant de Firminy que cette circulaire, qui n'a peut-être jamais été lancée, est impuissante. Il faudrait une loi modifiant la compétence territoriale des huissiers et la restreignant au canton, comme une gendarmerie de la justice civile.

» Les huissiers, qui ne devraient intervenir que pour exécuter les jugements, tirent le plus clair de leurs bénéfices, d'actes en dehors, de la multiplication surtout des procès-verbaux et actes divers, accompagnant ou suivant une première saisie. Il y a un véritable gaspillage de papier timbré avec les récolements, les procès-verbaux d'affiches et autres actes absolument inutiles qui accroissent et souvent dépassent le montant de la créance en principal, que le débiteur est impuissant déjà à payer. On ne peut supprimer les huissiers, mais on doit chercher à restreindre les abus de procédure dont ces officiers ministériels sont coutumiers. La réforme des charges ministérielles doit donc embrasser aussi les études d'huissiers, en commençant par la modification du système en vigueur pour les protêts.

» E. Lepelletier. »

II

AVOUÉS

L'institution des avoués remonte dans la nuit des temps.

Autant le besoin s'en faisait sentir à l'origine, alors que quelques rares privilégiés savaient lire et écrire, alors que la plus grande partie des justiciables étaient absolument incapable de surveiller leurs intérêts devant la justice, autant il est facile de s'en passer de nos jours, où les rôles sont complètement changés.

Aujourd'hui plus d'illettrés. Plus de plaideurs qui ne comprennent leurs difficultés et ne sachent les exposer soit à la justice soit à un avocat.

Aussi le rôle de l'avoué semble être devenu inutile.

En effet, quel est donc son rôle ?

Comme du temps de saint Louis, il remplace au prétoire le plaideur et tout ce que ce dernier est obligé de dire, de déclarer, de demander pour la défense de sa cause, doit sortir de la bouche de son avoué.

Les déclarations, reconnaissances, aveux faits par le plaideur lui-même, à la barre du tribunal, n'ont aucune valeur. Il faut que tout cela soit fait par l'avoué.

Ceci avait son utilité il y a 1000 ans, mais aujourd'hui cela paraît tout simplement ridicule.

Il est parfaitement immoral et scandaleux de voir des institutions vermoulues survivre à tous les progrès réalisés depuis l'organisation de la justice, et survivre avec tous leurs vices et leurs errements défectueux.

Si l'État, pour des raisons fiscales, n'avait un intérêt considérable à conserver tous ces monopoles d'huissiers, d'avoués, de notaires et autres, il y a longtemps que tout cela serait supprimé ou tout au moins considérablement modifié.

Mais, de même que l'avoué trouve dans l'exercice de sa lucrative profession, une source de bénéfices considérables, de même il est pour le Trésor un instrument de revenu des plus puissants. Nous en dirons autant des notaires et des huissiers, car ces Messieurs ne peuvent écrire leurs grimoires que sur du papier variant entre soixante centimes et deux francs quarante centimes la feuille!

Nous ne pouvons pas ici détailler tous les actes, significations et autres conclusions qui se rédigent au cours d'un procès ou de toute autre procédure, mais il nous suffira d'indiquer que pour une affaire ordinaire, le Trésor, pour prix de papier et droits d'enregistrement, touche une moyenne de 150 francs.

Cette raison indique bien pourquoi, tout en faisant semblant, parfois, d'y apporter quelques modifications, nos législateurs laissent toujours subsister ces institutions d'officiers ministériels pourtant bien inutiles.

Il y aurait, sur ce point, bien des réformes à faire, mais les corporations de ces agents de la loi sont devenues si puissantes que toutes les fois qu'elles se sentent menacées elles se rebiffent et obtiennent l'enterrement de tous les projets de loi qui paraissent vouloir paralyser leurs moyens d'action.

Nous appartenions à la corporation des avoués lorsque, il y a une dizaine d'années, il fut question de supprimer certains petits tribunaux.

Il fallait voir toute la gent de robe se remuer, conférences, réunions de délégués, mémoires transmis au parlement, pression sur les représentants du peuple, etc., etc. Aussi ce projet, quoique parfaitement réalisable, dort-il toujours dans les cartons parlementaires. Peut-être même est-il mort. C'est à craindre.

L'avoué a deux moyens d'exploiter le client plaideur : le premier par les voies légales et alors rien à dire, payer seulement la note.

Le second par le vol impuni.

Nous nous expliquons :

Lorsqu'un plaideur a une difficulté judiciaire, il est fatalement obligé de s'adresser à un avoué, soit tout d'abord, soit plus tard, soit directement, soit indirectement.

Si l'avoué est très consciencieux, qu'il veuille faire passer l'intérêt de son client avant le sien propre, — ce qui est un cas excessivement rare, — il étudie sérieusement l'affaire qui lui lui est soumise, s'entoure au besoin, des conseils éclairés d'avocats expérimentés et ensuite transmet à son client un avis utile. Si ce dernier veut plaider malgré l'avis de son avoué, cela le regarde, et dans ce cas, l'avoué n'a plus de responsabilité si le procès tourne mal, puisqu'il l'avait déconseillé.

Mais on ferait difficilement admettre au commun des mortels le fait qu'un avoué puisse déconseiller un procès. Cependant le cas existe, mais est devenu très rare aujourd'hui, nous le répétons.

Actuellement, l'avoué est un véritable agent d'affaires courant après les clients comme le brochet ou la perche après les goujons.

Il achète son étude un prix extraordinairement élevé, et, pour pouvoir en supporter les charges, il est dans l'obligation impérieuse d'instrumenter. Aussi chaque fois qu'il est consulté, il est bien rare qu'il ne conseille pas de plaider.

Il emploie pour cela des phrases ambiguës : « On ne peut répondre de rien, mais votre affaire me paraît bonne et très soutenable. » — « Quand on est attaqué, il faut se défendre. » — « Nous allons lancer l'assignation, nous verrons après. »

Comme dans la plupart des cas le plaideur est déjà surexcité, il n'est pas difficile de l'engrener. Une fois l'engrenage fait, le reste va tout seul.

Dans bien des cas, l'avoué est convaincu qu'un arrangement judicieusement proposé serait accepté par toutes les parties et terminerait le procès à son origine même ; mais il préfère laisser l'affaire suivre son cours pour pouvoir faire un état de frais complet, principal objectif de tous les avoués dans les procès.

Bien mieux, lorsque l'avoué comprend que l'affaire va s'arranger, il se hâte de faire tous les actes possibles de procédure avant qu'il ne reçoive avis de surseoir.

Ne pas déconseiller un procès quand on le trouve mauvais,

ne pas tenter un rapprochement entre des plaideurs obéissant souvent à un accès passager de mauvaise humeur, c'est ce que nous appelons exploiter le plaideur par les voies légales.

Mais bien souvent, très souvent l'avoué, qui a ainsi conseillé ou laissé faire un mauvais procès, ne se contente pas des émoluments que lui accorde le tarif légal. Il majore son état de frais de sommes relativement importantes, en y introduisant des articles qui ne sont pas dus ou en transformant la nature de l'affaire pour pouvoir faire un état plus chargé. Ceci peut bien s'appeler dépouiller le plaideur par le vol non punissable.

Nous ne craignons pas d'appeler vol la réclamation et la perception d'une somme non due et que l'on espère obtenir ou que l'on obtient grâce à l'ignorance de celui qui la donne.

Quelles que soient les formes employées, le résultat est toujours celui de s'approprier le bien d'autrui. Le moyen employé ou l'un des moyens est celui de-compter dans des états de frais des actes qui auraient pu être faits, mais qui en réalité n'ont pas eu lieu. Ainsi, dans les affaires ordinaires l'avoué a le droit de rédiger des conclusions grossoyées. Cet acte doit être écrit sur du papier de vingt-cinq lignes à la page. Chaque ligne ne contient pas plus de six à huit syllabes.

Cet acte est tarifé à 1.50 par feuille plus 0 fr. 37 1/2 pour la copie à signifier aux autres avoués de la cause.

Supposons quarante rôles de conclusions grossoyées, signifiées par une copie, cela coûtera 75 francs.

Devant tous les tribunaux, tous les avoués portent dans leurs états de frais en matière ordinaire une moyenne de 25 à 40 rôles de conclusions grossoyées. Or, cet acte complètement inutile, n'est presque jamais fait et les juges taxateurs ont pris l'habitude de le passer en taxe cependant.

Il en est de même des quelques actes du palais.

L'avoué perçoit ainsi un émolument important et qui ne lui est pas dû.

Neuf fois sur dix le client paye de confiance, et si par hasard avant de payer ou après payement, il a l'idée de réclamer la taxe des frais, le magistrat taxateur, s'il connaît bien son métier et qu'il ne veuille pas éviter d'être désagréable à un homme qu'il voit tous les jours, il rogne impitoyablement les sommes indues.

Le client ne paye pas ou s'il a payé on lui rembourse, mais l'avoué n'encourt aucune punition pour s'être approprié ou avoir tenté de s'approprier une somme qu'il savait très bien ne pas lui être due.

En ce qui nous concerne, nous ne voyons aucune différence entre le procédé que nous venons d'expliquer et celui qui consiste à profiter de la distraction d'un ami pour mettre la main dans son tiroir et lui dérober un billet de banque ou une pièce de monnaie.

Cependant, la justice y trouve une différence, puisque dans le premier cas, elle dit à l'avoué (ceci s'applique à tous les officiers ministériels): « Rendez l'argent que vous avez perçu » sachant qu'il ne vous était pas dû, » et que dans le second cas elle dit aussi : « Rendez l'argent que vous avez pris dans » le tiroir, et pour avoir pris une somme qui ne vous appar- » tenait pas, vous allez faire quelques mois de prison. »

Le vol paraît aussi manifeste dans un cas comme dans l'autre.

Il n'y a de différence que dans la répression.

Les innombrables actes de procédure, la multiplicité et la diversité des affaires ne permettent pas de détailler les frais et honoraires qui sont dus aux avoués ; mais il est absolument indispensable pour tout plaideur consciencieux de ses intérêts, de ne jamais rien payer à ces officiers ministériels que sur taxe.

Les affaires devant les tribunaux ont baissé et baissent tous les jours dans de notables proportions. Elles disparaîtront ou à peu près lorsque l'instruction aura pénétré assez profond parmi les justiciables, qui finiront par s'apercevoir que de mauvais arrangements valent encore mieux que de bons procès. Ils se rendront compte aussi que tout le rouage judiciaire n'est institué et surtout maintenu aujourd'hui tel qu'il était autrefois que pour procurer à certains des honneurs, à d'autres des privilèges et à tous les agents de la loi de beaux bénéfices.

Il existe quelque part, à la porte d'un prétoire, deux statues représentant les deux plaideurs. L'une d'elles, complètement nue, représente la partie qui a perdu son procès. Celle qui a eu gain de cause n'est pas nue, mais il ne lui reste plus que la chemise.

Quand donc les hommes seront-ils assez sages pour comprendre que le meilleur moyen d'éviter les démêlés avec les tribunaux dont les arrêts coûtent si cher à tout le monde, c'est celui de chercher la solution des querelles humaines dans un esprit de sacrifices et de concessions réciproques ?

Les choses humaines doivent être appréciées et jugées humainement : les décisions de justice sont souvent inhumaines, parfois injustes et toujours très coûteuses.

Dans l'article suivant paru dans le « Lyon Républicain »,

numéro du 7 mai 1900, M. Lepelletier s'occupe du ministère des avoués.

« *Ministère obligatoire.* — Un ministère obligatoire, ce
n'est pas du cabinet actuel qu'il s'agit, c'est celui des avoués.
Pourquoi le ministère des avoués est-il obligatoire en France?
Voilà une question à laquelle il est difficile de répondre logi-
quement.

» Un vieil axiome de l'ancien droit français disait: « Nul en
France, hormis le roi, ne plaide par procureur. » Aujour-
d'hui, tout le monde, au tribunal civil, est obligé de plaider
par avoués, qui sont les anciens procureurs.

» Quand nous disons plaider, c'est une formule judiciaire,
car partout où il y a un barreau l'avoué ne plaide pas; il se
contente de déposer les conclusions qui généralement ont été
rédigées par avocat, et simplement transcrites, sur papiers
à placets, par l'expéditionnaire de l'étude. L'avoué n'est
qu'un copiste et un commissionnaire. Il n'en touche pas
moins, sous la rubrique : Plaidoirie de l'avocat, un droit de
15 francs.

» Le ministère de l'avoué consiste uniquement, bien entendu en mettant à part les conseils de droit, les moyens de
défense, les arguments au fond et les finasseries de procédure
que tout avocat ou homme d'affaires pourrait aussi bien
donner, à remplir des formules imprimées dont l'utilité est
contestable et à rédiger des conclusions grossoyées qui sont
complètement inutiles.

» Mais parmi ces papiers tout imprimés, il en est un dont le
libellé est indispensable. L'absence de cet imprimé, signifié
par acte du palais, d'avoué à avoué, peut coûter à celui qui a
négligé d'en demander l'envoi à un avoué, une somme considérable. Ce papier s'appelle la « constitution ».

» C'est un acte par lequel Me X..., avoué près tel tribunal
fait connaître à Me Z..., avoué au même tribunal, qu'il
« occupe », c'est-à-dire qu'il est chargé du procès d'une personne assignée, appelée défendeur.

» Celui qui défend à un procès n'est pas obligé, au sens
absolu du mot, de constituer un avoué, tandis que le demandeur, celui qui assigne, ne peut pas se passer de cet
avoué.

» Ainsi, absolument et sans exception, toute personne qui
a une réclamation quelconque à porter devant le tribunal
civil ou devant la cour d'appel, en matière civile ou commerciale, doit commencer par se rendre chez un avoué de première instance ou d'appel, afin de le charger de mettre son
nom sur l'assignation, parfois rédigée par un homme

d'affaires, un chef de contentieux, un avocat, et toujours signifiée par un huissier. L'assignation, le premier acte de la procédure d'un procès, celui qui saisit les tribunaux et qui s'appelle exploit introductif d'instance, doit toujours contenir à peine de nullité, la mention qu'un avoué occupera pour le demandeur, est « constitué » par lui.

» C'est là toute la source du ministère des avoués. En supprimant une ligne de l'article 61 du Code de procédure, on supprimerait le monopole des avoués, avec une addition en ce qui concerne les conclusions déposées à la barre. Cet article contient, en effet, avec l'obligation pour le demandeur de désigner dans toute assignation l'avoué qu'il charge de le représenter, l'obligation d'élection de domicile chez cet avoué.

» C'est là l'origine de tout le pouvoir que l'avoué acquiert sur son client. Il reçoit les pièces. Il est maître de toute la procédure. Il détient le dossier. Le client, tout en consultant son avocat, est obligé de passer chez l'avoué. En réalité, le demandeur dans un procès n'est pas maître de son affaire. Il l'abandonne à l'avoué, et celui-ci, qui n'est dans la plupart des cas qu'un noircisseur de papier timbré usant de formules imprimées, ou faisant copier toute une série d'actes antérieurs par des clercs, comme lorsqu'il s'agit de rédiger les qualités d'un jugement, c'est-à-dire le résumé de la procédure, devient un personnage en apparence indispensable. En réalité, son intervention n'a pas plus d'importance que celle d'un expéditionnaire transcrivant le formulaire.

» Pour le défendeur, pour la personne assignée devant un tribunal, le ministère d'avoué n'est pas absolument obligatoire. C'est-à-dire qu'on a le droit de se laisser condamner par défaut.

» Car être condamné par défaut, en matière civile, sauf le cas spécial du défaut-congé qui regarde le demandeur, cela signifie qu'une personne assignée devant un tribunal n'a pas été trouver un avoué.

» Le français est un langage clair, et comme l'étymologie l'indique, un langage de franchise. En procédure, le langage français devient obscur, mensonger, perfide. Exemple : vous recevez chez vous un papier d'huissier, dans lequel il est dit qu'à la requête de M. A... ayant maître X... pour avoué, vous êtes assigné à comparaître, à la huitaine franche, ou à trois jours francs, selon les cas, à l'audience et par-devant messieurs les présidents et juges composant tel tribunal. Je vous suppose ignorant des mensonges de notre style procédurier. Vous lisez et vous relisez votre papier. On vous réclame une chose absurde. Il y a erreur manifeste, confusion de nom, on vous demande une somme dont vous avez la quittance. Fort de votre bon droit, bien que sachant qu'il existe de ommes d'affaires, vous jugez inutile d'aller en consulter un.

» Vous avez calculé sur le calendrier les jours vous séparant de la date fixée, et à la huitaine indiquée, vous vous présentez à l'audience, tenant triomphalement votre reçu à la main, prêt à démontrer aux juges, quand on vous appellera, l'erreur de celui qui vous a assigné. L'huissier lance votre nom, ou comme cela se fait journellement, passe simplement le placet au greffier, qui inscrit « défaut ». Si vous avez entendu votre nom, vous criez : Présent! C'est comme si vous n'aviez rien dit. Vous êtes réputé absent. Si n'ayant pas entendu votre nom, vous vous adressez au greffier, à la fin de l'audience, étonné, inquiet de ne pas avoir été appelé, on vous apprend que défaut a été appelé, contre vous, et vous êtes condamné à payer au demandeur la somme dont vous avez la quittance dans la poche.

» Vous vous informez et vous apprenez que votre présence à la barre est considérée comme inexistante. Quand on vous a assigné à comparaître, cela ne voulait pas dire du tout qu'il fallait vous rendre au tribunal, cela signifiait tout bonnement que vous deviez aller porter votre papier d'huissier chez votre avoué en lui demandant de signifier pour vous une « constitution », après lui avoir remis une somme, plus ou moins forte, à titre de provision.

» Pour faire rabattre le défaut, il faut donc constituer à nouveau un avoué, qui formera opposition, et l'affaire redevenant contradictoire, pourra suivre son cours. Comme je suppose que vous avez votre reçu en règle, votre adversaire sera débouté et condamné aux dépens de l'instance contradictoire.

» Mais vous n'en aurez pas moins à supporter les frais du premier procès par défaut. Vous êtes puni de n'avoir pas été trouver un avoué au reçu de l'assignation, et de n'avoir pas su que, lorsqu'on vous somme de comparaître à l'audience cela veut dire qu'il ne faut pas y aller, mais qu'il faut envoyer de l'argent à un avoué, qui seul a qualité pour répondre à votre place et faire reconnaître votre droit.

» Voilà une véritable chinoiserie, et c'est de ce départ absurde que découlent tous les inconvénients, toutes les dépenses, tous les frais ruineux et inutiles que comporte le ministère obligatoire des avoués. Un ministère obligatoire, assurément laïque, mais nullement gratuit.

» E. LEPELLETIER. »

III

NOTAIRES

Ce que nous avons dit des avoués s'applique en grande partie aux notaires, autre catégorie de gens à monopole, que l'on désigne sous le nom d'officiers publics.

Comme les avoués, ils poussent aux affaires, et nous en avons connus qui couraient après, à tel point, qu'ils prenaient l'un des contractants dans leur voiture, le portaient chez l'autre partie et ne se séparaient de leurs clients que lorsque l'acte était signé.

On a tort d'ajouter tant d'importance aux formalités notariales. Dans quelque cas le ministère du notaire est obligatoire, mais dans la plupart des cas et pour les actes les plus fréquents, ventes, partages, transactions diverses, leur ministère est complètement inutile.

Nous dirons d'eux ce que nous avons dit des avoués.

Il y a des siècles, alors que l'instruction était l'apanage de quelques-uns, ces tabellions avaient leur raison d'être. C'était en quelque sorte des écrivains publics.

Aujourd'hui, avec quelques réformes de nos lois surannées, on pourrait supprimer purement et simplement cette corporation d'agents d'affaires, sans préjudice pour personne et pour le plus grand bien de tous les contractants.

Les officiers de l'état civil dressent bien des actes aussi importants que les donations, testaments et autres actes notariés, et cela gratuitement. Si on veut donner à quelques actes de la vie un caractère de solennité que n'ont pas les actes sous seing privé, qu'on les renvoie donc devant des personnes spéciales, le maire de la commune, par exemple, qui les rédigeront pour rien.

Les charges de notaires semblent aujourd'hui se transformer et devenir de véritables cabinets d'affaires.

Le notaire gère des immeubles, en perçoit les loyers, s'occupe de location d'appartements, administre des capitaux, toutes choses non prévues par les lois organiques.

Et empressons-nous de dire que les affaires qui, par leur nature, ne rentrent pas dans leur cadre, ne sont pas celles qui leur rapportent le moins,

Le notaire n'a pas aussi mauvaise réputation que l'huissier et l'avoué, Cependant il a bien sa petite façon à lui d'exploiter les contractants,

On a si bien compris que les notaires excédaient leurs droits et percevaient des émoluments qui ne leur étaient pas dus, que, récemment, un tarif spécial a été décrété par un ministre de la justice qui avait été notaire, croyons-nous, et qui connaissait bien les abus de ses anciens confrères,

Mais encore, malgré le tarif, ils trouvent le moyen de s'attribuer le maximum d'honoraires prévus et aussi d'en percevoir qui ne seraient pas dus.

Nous allons indiquer quelques-uns de ces moyens, afin que les parties contractantes puissent les déjouer :

1º Lorsqu'un propriétaire veut vendre des immeubles, s'il s'adresse au notaire, il est bien rare que ce dernier ne l'engage pas à tenter une vente amiable, aux enchères. Si la vente aboutit, les honoraires du notaire sont de 1/2 0/0 plus élevés que dans les ventes de gré à gré. Si la vente n'a pas lieu, mais pourvu qu'elle se passe dans les trois mois qui suivent la tentative de vente aux enchères, même de gré à gré, les émoluments du notaire sont les mêmes,

Nous pensons que ces considérations sont pour beaucoup dans le nombre toujours croissant des ventes ou tentatives de vente aux enchères amiables.

2º Dans bien des cas, lorsqu'il s'agit de ventes d'immeubles, les notaires stipulent dans l'acte lui-même un quantum de tant pour cent pour le payement des frais. Tantôt 10 0/0, tantôt 11 et même 12 0/0 du prix d'achat.

C'est un mode de procéder anormal, et ce pourcentage procure toujours des émoluments au-dessus de ceux alloués par le tarif,

L'acquéreur ne doit jamais accepter cette clause dans son acte, Il n'a qu'à exiger une acte ordinaire et s'engager à payer les frais qui seront légalement et justement la conséquence de son acquisition.

3º Pour certains actes, notamment les inventaires, les notaires ont l'habitude de compter une au plusieurs expéditions destinées aux parties intéressées, ce qui élève toujours très sensiblement le chiffre des frais.

Or, si l'affaire s'arrange sur minute d'inventaire, cette expédition prévue, le plus souvent n'est pas faite et le coût vient ainsi augmenter les honoraires, tant le prix du timbre non employé que les émoluments attachés à une formalité non accomplie.

4° De plus, dans la rédaction des actes, les notaires cherchent à allonger le plus possible, car les grosses et expéditions qu'ils en délivreront par la suite leur rapporteront des émoluments plus élevés.

Dans ce but, en cas de vente par exemple, ou échange, ils se font remettre tous les actes se référant à la propriété de l'objet de la vente ou de l'échange, et ils ont bien soin de les énumérer à plaisir, en remontant à un demi-siècle.

Dans la plupart des cas, cette longue tartines d' « origine de propriété » est complètement inutile et ne profite qu'au fisc, pour le papier timbré, et au notaire pour ses honoraires. Un acte sous seing privé, écrit sur une feuille de timbre à 60 centimes, aura la même valeur que celui du notaire qui formera un volume!... Les parties contractantes, ignorantes des affaires, ne font jamais d'observations et sont satisfaites d'avoir un acte dans lequel il faut lire une bonne demi-heure avant d'y trouver l'objet même de cet acte.

Comme pour les avoués, nous engageons les parties à ne rien payer aux notaires que sur taxe. Elles n'ont qu'à y gagner et beaucoup, dans certains cas.

De même, chaque fois que le ministère du notaire n'est pas obligatoire, il faut s'en passer.

Les actes sous seing privé ont dans la plupart des cas, la même valeur que ceux notariés et ont l'avantage de coûter bien moins cher.

Il est deux usages assez répandus dans certaines contrées contre lesquels on ne saurait trop se mettre en garde :

Lorsque l'acquéreur d'immeubles verse son prix en l'étude du notaire qui a passé l'acte de vente, il croit se libérer valablement, parce que son prix a été stipulé payable dans l'étude du notaire.

Il n'en est rien. Pour que le payement soit utilement fait, il faut la quittance non seulement du notaire, mais du vendeur ou de son mandataire.

Les payements faits sur quittances des notaires sont parfois non avenus et l'acquéreur est obligé de payer deux fois. Ce cas se présente toutes les fois qu'un notaire tombe en déconfiture, ce qui se voit encore assez souvent.

D'un autre côté, lorsque en vue d'une vente, ou de tout autre règlement, un notaire vous demande une procuration, évitez toujours de lui signer une procuration générale.

Ces procurations vous mettent à l'entière discrétion des notaires, rien n'y manque. Elles contiennent les pouvoirs les plus étendus. Le notaire fait ainsi ce qu'il veut et tout est couvert par les termes du mandat, termes souvent incompris de celui qui le signe.

Dans sa critique si savante des charges ministérielles, M. Lepelletier consacrait au notariat l'article suivant, paru dans le numéro du *Lyon Républicain* du 17 mai 1900 :

« *Le Notariat.* — Nous avons déjà parlé du monopole exorbitant des avoués. Nous reviendrons sur ces officiers, qui doivent être l'objet d'une réforme profonde. Mais toutes les charges ministérielles sont à supprimer ou à modifier.

» Le notaire, comme l'avoué, est un rouage inutile et coûteux. On a modifié, il y a quelques années, la loi de ventôse qui règle le notariat. Effrayé par le nombre considérable d'abus de confiance et de détournements qui se produisaient dans les études, une loi du 29 janvier 1891 a décidé que le dépôt à la Caisse des consignations serait obligatoire pour les notaires de toutes les sommes par eux touchées dans le délai de six mois pour le compte de leurs clients.

» Cette réforme est insuffisante. Ce n'est pas parce que le ministre a prescrit aux notaires de déposer les fonds, qu'ils avaient la bonne habitude de garder par devers eux, le plus longtemps possible, sans doute pour éviter que leurs clients en fissent mauvais usage, que les détournements sont moins faciles, les ruines plus rares.

» Les obligations de cette nature ne gênent que les honnêtes gens. Ceux qui ont l'intention de spéculer avec les fonds d'autrui, notaires ou banquiers, trouvent toujours un moyen pratique d'éluder les questions gênantes. Les notaires réguliers, ceux dont les études marchent bien et qui n'ont nul désir de jouer à la Bourse ou de tâter des chevaux à 40 contre 1 sur les champs de course, les notaires qui sont restés l'honneur du notariat et la sécurité des familles, — ils sont encore nombreux, les plus nombreux, ces tabellions de la vieille roche, — ne trouvent qu'un embarras et un dérangement dans la formalité du dépôt qu'ils accomplissent consciencieusement. Mais les autres? Ah! pour ceux-là, le bon billet de la Caisse qu'a le client qui leur a remis des fonds! La Châtre est dépassé.

» Est-ce que les affaires de succession, de liquidation, de partage, d'achat, de vente et d'emprunts hypothécaires ne sont pas tellement obstruées et retardées, qu'un notaire se voit toujours à même de retarder le dépôt légal sous le prétexte que l'affaire est en suspens, et qu'il manque une pièce au dossier? Et puis quel client vérifie l'affirmation du notaire? Est-ce que l'on peut, est-ce que l'on ose dire à un

notaire, annotant, mentionnant, collationnant dans ses pape-
rasses, à l'énoncé d'un dépôt quelconque : « Donnez une justifi-
cation?» Il faudrait n'avoir jamais, novice en procédure, assisté
au baragouinage d'un contrat ou à la psalmodie d'une quittance pour en douter.

» Sans doute, des notaires font les justifications lorsqu'ils
sont en présence d'avoués, d'avocats, de syndics et de gens
d'affaires, représentant les parties; mais, à la campagne surtout, les parties, pour éviter honoraires et frais, se présentent
elles-mêmes. Elle écoutent d'une oreille béate les actes qu'on
annonce et contemplent avec des yeux fascinés le papier
marqué, étalé sur le bureau du tabellion. Dans ces oreilles-là,
on verse toutes les justifications possibles. C'est plus facile
que de verser à la Caisse des consignations.

» Sous ces yeux, facilement éblouis et fascinés, on fait
miroiter tous les récépissés qu'on veut. La garantie du client
est donc nulle, malgré cette loi de dépôt obligatoire.

» La question du notariat ne se trouve pas résolue par ces
précautions illusoires. Le danger actuel provient de causes
que le dépôt obligatoire n'a su faire disparaître : il y a trop
d'études et de petites études en France. Sait-on qu'il existe
dans chaque chambre de notaires un trésorier qui, tous les
mois, est obligé de verser des secours pour des notaires dans
le dénûment? Il y a des notaires si malheureux qu'ils ne
pourraient manger si la corporation, au moyen d'un fonds
de secours spécial, ne leur venait régulièrement en aide.

» Nous sommes habitués à considérer l'opulence notariale
des grandes villes; il faudrait aussi songer aux études beso-
gneuses des Basses-Alpes. Les petites études coûtent trop
cher. Leurs titulaires le plus souvent n'ont pas les premiers
sous pour leur acquisition. Ils comptent sur des liquidations
inespérées et des dots chimériques pour s'acquitter. Les
échéances viennent, et le riche châtelain s'obstine à ne pas
laisser ouvrir sa succession, l'héritière se marie à la ville,
dédaigneuse des honneurs du tabellionnat rural. Alors, aux
abois, le notaire pressé, pousse ses clients, leur tire des fonds
qu'il cherche à faire valoir; il s'établit banquier, escompteur,
usurier, — dans ces cas-là, il fait souvent honneur à ses
affaires, — mais n'est pas usurier qui veut. La spéculation,
le baccarat, les paris de courses, la Bourse sont, au contraire, à la portée de tous. Le premier pas est franchi, et
l'abîme n'est pas loin.

» Le mal du notariat vient surtout du notariat lui-même.
Il constitue une charge improductive souvent, ruineuse quelquefois. Pourquoi ne pas attaquer le mal dans la source

même et tarir les débordements du tabellionnat en coupant net le réservoir ? Il y a trop de notaires en France.

» Mais comme il serait injuste de limiter trop l'exercice de cette profession, pourquoi ne pas la rendre libre ? Les notaires deviendraient de simples hommes d'affaires, quant aux consultations ou rédactions d'actes, et pour la partie de leurs fonctions qui consiste dans l'authenticité donnée aux conventions particulières entre particuliers, pourquoi ne pas établir des dépositaires publics des actes, comme il existe des conservateurs des hypothèques ? Là seulement est la solution de cette question du notariat qui, après avoir inquiété l'opinion, doit justement préoccuper le Gouvernement de la République.

» E. LEPELLETIER. »

IV

AGRÉÉS

Il y a une autre catégorie d'hommes d'affaires tout à fait spéciale. C'est celle des agréés près les tribunaux de commerce.

La loi a voulu que la justice consulaire, c'est-à-dire en matière commerciale fût rendue sommairement sans formalités et aussi sans frais. Mais par suite d'une tolérance injustifiée des juges consulaires et de l'audace des gens de robe, il s'est créé dans le prétoire des tribunaux de commerce un genre de défenseurs qui s'intitulent agréés et qui ont ou à peu près accaparé le monopole de la représentation en justice commerciale.

Il ont les mêmes défauts, commettent les mêmes abus que les avoués devant les tribunaux civils. Aussi comme leur existence n'a rien de légal et que tout justiciable peut présenter lui-même sa défense en matière commerciale, il y a intérêt à ne pas s'adresser à ces spécialistes qui mettent à profit leur situation de corporation privilégiée pour faire des frais inutiles et prélever des honoraires que n'accorde aucun tarif.

Mieux vaut se présenter soi-même ou faire plaider sa cause par un mandataire quelconque, avocat, ou autre, à qui il suffit d'avoir un simple pouvoir sur une feuille de timbre de soixante centimes pour être admis auprès du tribunal. De cette façon, on évitera de payer une série de frais et notamment un droit proportionné à l'importance du litige que les agréés se permettent de s'attribuer, alors qu'il ne leur est dû que les honoraires et déboursés de mandataires ordinaires.

M. Lepelletier, dans trois articles parus dans le *Lyon Républicain*, a formulé ainsi son opinion sur la corporation des agréés :

« *Les Agréés.* — Nous devons compléter nos études sur les charges ministérielles en parlant de charges extra-ministérielles, c'est-à-dire de monopoles judiciaires, spéciaux et illégaux, qui se sont constitués grâce à la faiblesse de l'autorité et par la faveur de certains pouvoirs judiciaires.

» Parmi ces privilèges que la loi n'a pas établis, qui se sont établis tout seuls, l'un des plus scandaleux est celui des agréés.

» Les agréés forment une corporation peu connue, très riche, très puissante, d'autant plus fière de ses privilèges que la loi ne lui en reconnaît aucun, d'autant plus maîtresse de son monopole vis-à-vis du public qu'il dépend du bon plaisir des juges et n'est constitué par aucune disposition législative. Il échappe au contrôle et à la plainte.

» Tandis que les avoués, les huissiers, les notaires ont défrayé la chronique, le vaudeville et le roman, l'agréé s'est glissé inaperçu et, sans faire de bruit, a su faire ses affaires. Ces hommes de loi sans mandat ne sont pas impopulaires. On les connaît peu. Ils ne soulèvent pas de violentes protestations. Ils n'en sont que plus redoutables.

« On sait qu'on nomme agréés certains hommes d'affaires privilégiés auxquels le tribunal de commerce attribue des prérogatives purement morales, mais qui ont fini par constituer un droit et créer des simili-charges, qui se transmettent comme les charges ordinaires d'avoués ou de notaires, à des prix fort élevés.

» La loi a fâcheusement obligé les plaideurs, en matière civile, à recourir au ministère d'un avoué qui les représente en justice, dirige en leur nom la procédure, prend les conclusions et lève jugement. Nul ne peut, personnellement, se présenter devant le tribunal civil. Devant le tribunal de commerce, c'est précisément le contraire. Pour simplifier la procédure et diminuer les frais, la loi a décidé que les parties

se présenteraient elles-mêmes. Mais comme cette comparu-
tion n'est pas toujours facile, et que le plaideur a souvent
intérêt à confier la défense de ses droits à un homme compétent, connaissant la loi et sachant tirer parti des éléments
de la cause, la représentation par mandataire fut instituée, à
l'aide d'un pouvoir spécial. Ainsi, tandis que les avoués et
les avocats représentent directement leurs clients, en vertu
d'un mandat général que la loi leur attribue, au tribunal de
commerce, le mandataire est spécial, le mandat déterminé.
Il en résulte que tout le monde peut se charger de plaider
pour autrui devant la juridiction commerciale.

» Tous les jours, des parties présentent elles-mêmes leur
défense. En très grand nombre, des agents d'affaires occupent
aussi, dans beaucoup d'instances. Mais ces défenses-là sont
mal vues du tribunal. Il faut n'avoir jamais mis le pied dans
l'enceinte d'un tribunal de commerce pour ne pas connaître
l'importance que prennent les agréés, les hommes d'affaires
ayant l'investiture et la confiance du tribunal à l'égard du
malheureux plaideur qui, son assignation à la main, gravit
les degrés de la caverne commerciale. Les véritables avocats
sont aussi peu acceptés par les juges que les mandataires qui
n'ont pas la qualité d'agréé.

MM. les Juges du tribunal de commerce qui ont un désir
immodéré de jouer aux juges et d'avoir, ressortissant
de leur tribunal, une corporation d'avoués et un barreau,
ont fait tout ce qu'ils ont pu pour écarter de la barre les
parties elles-mêmes et les hommes d'affaires ordinaires ensuite. Ils se sont efforcés de constituer un monopole au profit
de certains agents d'affaires acceptés, patronnés, institués par
eux, les tout-puissants agréés.

» Les agréés sont donc des pseudo-officiers ministériels,
qui non seulement ne sont pas reconnus par la loi, mais
encore qui fonctionnent contrairement aux vœux de la loi.
Le législateur, en effet, a voulu que les parties ne fussent
pas obligées devant la juridiction commerciale de se sou-
mettre à l'obligation de recourir, pour défendre leurs intérêts,
à l'intermédiaire d'un officier ministériel. La défense devant
les tribunaux de commerce était libre. Ces tribunaux, affran-
chis du monopole coûteux et inutile des avoués, devenaient
ainsi la juridiction type, l'idéal de la justice. Malheureusement là où il n'y avait pas de charges ministérielles on en a
créé, et les tribunaux commerciaux ont eu leurs avoués sous
une autre dénomination, mais avec à peu près les mêmes
privilèges.

» C'est un abus dont les plaideurs supportent les frais. Le

monopole des agréés est peut-être plus difficile à supprimer
que celui des avoués, comme nous l'expliquerons dans un
prochain article. Cette difficulté provient de ce que l'on peut
éteindre le monopole des avoués, en supprimant quelques
articles du Code de procédure, ceux qui imposent l'obligation
de recourir au ministère des avoués. Comme nulle part il
n'existe une obligation pareille pour les agréés, il est difficile
de les atteindre.

» On ne pourra disperser cette corporation parasite et
illégale qui fonctionne sous l'égide des juges commerciaux,
et dont l'entremise semble facultative, mais au fond est
presque obligatoire, qu'en agissant énergiquement sur les
tribunaux de commerce, et peut-être faudra-t-il aller jusqu'à
la suppression même de ces tribunaux d'exception.

» E. LEPELLETIER, »

(*Lyon Républicain* du 23 juillet 1900).

« *Offices illégaux.* — Les agréés ou avocats-agréés existent
de fait, mais leur corporation n'a aucune existence légale,
et ses membres, si le parquet faisait son devoir, devraient
être poursuivis pour diverses infractions.

» Des agents d'affaires ont ainsi constitué une corporation,
qui a ses règles d'admission, qui refuse ou accepte ses
membres, qui réclame une place spéciale au prétoire et
s'arroge des privilèges d'accès auprès des juges, tous faits
qui constituent une violation de la loi de 1792, qui a aboli en
France les corporations, maîtrises et jurandes.

» Ils ont contrevenu également à la loi du 13 frimaire
an XI, qui établit en France les charges ministérielles, dont
nous demandons la suppression totale ou la réduction, selon
la nature de ces charges et leur utilité sociale. En consti-
tuant une chambre d'avoués auprès des tribunaux de commerce, car les agréés ne sont pas autre chose, ces agents
d'affaires, ont usurpé, avec la complicité, il est vrai, des
magistrats commerciaux, sur les droits du Pouvoir législatif,
qui seul peut créer des offices ministériels. Les notaires,
avoués, huissiers, greffiers, commissaires priseurs, agents
de change, courtiers maritimes et du commerce, existent et
fonctionnent en vertu de dispositions législatives dont il est
facile de citer les textes, alors qu'il est impossible de trouver
un article de loi instituant ou même autorisant la formation
d'un corps spécial de défenseurs ou mandataires des parties
devant les tribunaux de commerce.

» Ils violent l'article 627 du Code de commerce disant que le ministère des avoués est interdit dans les tribunaux de commerce, et l'article 414 du Code de procédure disant que la procédure devant les tribunaux de commerce se fait sans ministère d'avoué.

» Les agréés répondront qu'ils respectent ces deux articles, et qu'ils ne sont pas des avoués, puisqu'ils se présentent devant le tribunal non pas comme l'avoué, en vertu de son privilège de postulation légale, mais comme toute personne a le droit de le faire, en assistant le plaideur présent à l'audience, ou en se substituant à ce plaideur absent, en vertu d'un pouvoir donné conformément à la loi.

» C'est une argutie, consacrée d'ailleurs, il faut le reconnaître, par jugement du tribunal de Lyon du 30 janvier 1897, confirmé par arrêt de la cour du 27 décembre 1898, cette prétention des agréés de respecter la loi et d'être des mandataires ordinaires représentant les parties seulement en vertu d'une procuration spéciale.

» En réalité, les agréés sont des défenseurs spéciaux, favorisés, privilégiés. Ils ont un tableau à eux réservé, affiché dans les études d'officiers ministériels figurant sous une rubrique autonome dans les annuaires ou les agendas, dans l'almanach, le Bottin, à la suite du tableau des avocats, après la nomenclature des avoués à la cour et des avoués de première instance. En donnant un caractère officiel à leurs adresses, en s'incorporant pour ainsi dire au tribunal, les agréés sortent des rangs ordinaires des autres mandataires ; ils en imposent à la confiance publique. Ils sont munis, sans doute, comme les mandataires ordinaires, du pouvoir exigé par la loi et l'exhibent au greffier au moment de l'appel. Mais ce pouvoir, rigoureusement obligatoire pour les autres représentants des parties, n'est pour eux qu'une formalité insignifiante ; leur véritable pouvoir, ils le tiennent de l'agrément du tribunal de commerce. Enfin, sans parler d'innombrables petits privilèges d'audience et de greffe, dont ils bénéficient journellement, ils ont une place réservée dans l'enceinte du tribunal, d'où serait impitoyablement chassé par l'huissier de service le mandataire ordinaire qui oserait s'y faufiler, intentionnellement ou par mégarde. Cependant, ce mandataire, muni, comme l'agréé, de son pouvoir régulier, a les mêmes droits que le pseudo-avoué commercial. Cette distinction des places pendant les audiences est de nature à impressionner gravement le public et à renforcer dans son esprit qu'il a affaire à un corps particulier et privi-

légié de défenseurs, à de véritables avoués au commerce. Ce
qui est d'ailleurs fâcheusement exact.

» Cette croyance est confirmée par deux faits encore : le
port d'un costume spécial et la vente des offices.

» Les mandataires ordinaires, les agents d'affaires non
agréés, possèdent une clientèle qu'ils sont libres de céder à
un successeur. Mais ils choisissent ce successeur comme il
leur plaît. Le contrat de vente d'un cabinet d'affaires ne
contient pas la clause que le contrat sera soumis à l'approbation d'un tiers, à défaut de laquelle il sera de nul effet.
Cette condition est nécessairement inscrite dans tous les
traités de cession d'offices dits ministériels. C'est que la vente
de ces offices est subordonnée à l'approbation du ministre. Si
la Chancellerie accepte le successeur présenté par l'avoué, le
notaire ou l'huissier vendant sa charge, c'est-à-dire son privilège, s'ajoutant à sa clientèle, la vente est parfaite et la
transmission d'office a lieu. Si, au contraire, pour un motif
quelconque, l'acquéreur présenté est refusé par le ministère,
l'officier ministériel conserve sa charge jusqu'à ce qu'il ait
trouvé un titulaire susceptible d'être accepté. Rien de sem-
blable pour la cession d'un cabinet d'affaires ordinaires.

» On peut donc ranger parmi les charges ministérielles un
cabinet ou étude d'agréé, puisque la vente ne s'en opère,
comme toutes ces charges, que sous la condition expresse
qu'une autorité tierce, qui n'est pas la Chancellerie, comme
lorsqu'il s'agit de la vente d'une étude d'avoué ou de notaire,
mais bien la juridiction consulaire, aura ratifié le contrat et
accepté l'acquéreur présenté. On ne traite définitivement
d'un cabinet d'agréé et le prix n'est versé que lorsque le dé-
missionnaire a en poche l'acceptation formelle du tribunal
de commerce, lui garantissant son rang dans la corporation
et les privilèges de son vendeur. Il n'y a aucune différence
dans la pratique entre la cession d'une charge d'avoué et
celle d'un cabinet d'agréé.

» Ce n'est pas seulement la clientèle, la réputation de son
cabinet, le nombre de ses dossiers et le chiffre annuel de ses
honoraires qui entrent en ligne de compte pour l'évaluation
du prix d'achat, lorsqu'un agréé traite avec l'acquéreur,
c'est aussi et avant tout comme l'avoué, le notaire ou l'huissier cherchant un successeur, le privilège attaché à son titre
et les avantages réservés en découlant, que le détenteur de
cet office non prévu par la loi entend céder et que l'acheteur
veut acheter. Le prix d'un cabinet d'affaires ordinaires se
trouve donc majoré du fait de ce monopole non reconnu par
la loi, mais réel et, jusqu'à nouvel ordre, consacré par l'arrêt

exorbitant de la cour de Lyon dans l'affaire Bourdin, Poncet et autres contre Chapot, Bret et autres.

» Ainsi les agréés sont parvenus à constituer un monopole judiciaire illégal, et à créer de nouvelles charges ministérielles que le Pouvoir législatif n'avait pas prévues, avait même formellement interdites.

» E. LEPELLETIER. »

(*Lyon Républicain* du 26 juillet 1900).

« *Le Prestige du costume*. — L'uniforme joue un grand rôle dans les relations sociales. La loi a protégé ceux qui ont droit au port d'un costume. Elle punit quiconque revêt un uniforme sans droit. La peine est d'un emprisonnement de six mois à deux ans, article 259 du Code pénal.

» Les avocats et avoués sont assimilés, quant au costume, aux fonctionnaires dont la loi protège le privilège décoratif. Un règlement détermine le costume des avocats et avoués. Une différence est même prévue dans leurs insignes. L'avocat seul a le droit de porter l'épitoge ou chausse, cette sorte d'étole placée sur l'épaule gauche et qui, à la cour d'assises et dans les audiences solennelles, est bordée d'hermine. Les avoués et les huissiers audienciers n'ont droit qu'à la robe noire lisse.

» Par une extension abusive des privilèges de l'ordre des avocats, et pour protéger leur monopole, on a récemment condamné, pour abus de costume, le port de la robe par des avocats non inscrits, c'est-à-dire des licenciés en droit ayant prêté serment, mais ne figurant pas au tableau de l'ordre.

» Il s'ensuit que ces licenciés et docteurs en droit, investis par leur diplôme du titre d'avocat, titre consacré par un enregistrement solennel à la cour d'appel, lors de l'admission à la prestation du serment, doivent se présenter en costume civil devant les tribunaux, lorsqu'ils représentent les parties. Ils ont beau être en tout semblables, pour les capacités juridiques et les titres judiciaires, aux autres avocats, ils ne peuvent, n'étant pas inscrits au tableau, se distinguer par le costume, des mandataires ordinaires.

» Les agréés sont de ces avocats non inscrits au tableau. Par conséquent, ils ne peuvent, lorsqu'ils se présentent à la barre, munis d'un pouvoir, ni arguer de leur titre d'avocat ni revêtir la robe, privilège des officiers ministériels et des membres du barreau, ni même porter un costume spécial les désignant à l'attention du public, sans tomber sous le coup des lois qui punissent le port d'un uniforme qui ne vous appartient pas, ou le travestissement public, en dehors des temps de carnaval. Les agréés, avec leur costume spécial, violent donc ouvertement la loi, et cela dans l'enceinte même du tribunal, avec l'agrément, c'est-à-dire la complicité de tout le tribunal. L'agréé, en portant la chausse sur l'épaule, usurpe un des privilèges auquel les avocats tiennent le plus.

» Ce privilège n'est pas le seul que s'arrogent les agréés ; ils prêtent une sorte de serment non prévu par la loi, entre les mains des membres du tribunal de commerce. Il y a donc là une série de violations de la loi avec la sanction, et l'on pourrait dire avec la provocation des juges qui sont chargés de la faire respecter.

» Pour combattre le monopole des agréés, nous ne sommes pas obligés comme lorsqu'il s'agit des avoués, de réclamer des pouvoirs publics une loi nouvelle et d'obtenir l'abrogation de certains articles du Code. Il suffit simplement de réclamer l'exécution de la loi et d'obtenir que les juges respectent certains articles du Code qu'ils sont chargés d'appliquer et ne rétablissent point, de leur autorité privée, une corporation d'officiers ministériels que le législateur a supprimée.

» La question du costume et de la place privilégiée réservée aux agréés, dans le prétoire, semble secondaire. Ce sont là cependant les étais de cette construction parasite qui s'est élevée, aux frais des justiciables, dans l'enceinte même de la juridiction commerciale. Le fabuliste a dit : « D'un magistrat ignorant, c'est la robe qu'on salue. » On peut ajouter que la robe transforme aisément un agent d'affaires, peut-être suspect, en membre d'un barreau imaginaire qu'on respecte. Le public, en voyant les agréés investis de ces privilèges auxquels ils n'ont aucun droit, est naturellement porté à considérer ces hommes d'affaires particuliers comme étant d'une essence supérieure, d'une honorabilité exceptionnelle et d'une capacité bien au-dessus de la moyenne des autres agents d'affaires en redingote, assis avec le commun des justiciables.

» Il en résulte que la clientèle va de préférence à eux. Si les affaires étaient mieux expédiées et les intérêts du public mieux défendus, on pourrait considérer l'établissement illégal de ces charges pseudo-ministérielles d'agréés comme un mal supportable dont les plaideurs après tout bénéficieraient. Mais il n'en est rien ; par cela qu'ils sont privilégiés, les agréés sont surchargés de dossiers. Ils n'ont pas le temps, dans la plupart des cas, d'étudier les affaires. Ils défendent si mal les intérêts de leurs clients, que la plupart des grosses affaires jugées par les tribunaux de commerce sont l'objet de décisions mal rendues et de jugements imparfaitement motivés. De là d'innombrables appels, suivis d'arrêts infirmant

la décision des premiers juges. La faute n'en est pas impu-
table toujours à l'incapacité des juges. Une grande part de ces
mauvais jugements et leur insuffisance juridique proviennent
du défaut de préparation des affaires et des conclusions im-
parfaites prises par les agréés trop occupés.

» Détenteurs d'un monopole, les agréés en font payer les
frais aux justiciables. Passe encore pour les honoraires
d'avoué, puisque la loi vous oblige à passer par les mains de
ces mandataires forcés pour obtenir justice au civil, mais au
commerce, il est vraiment abusif qu'on soit contraint de
payer les frais d'un privilège qui est contraire aux vœux de
la loi.

» Le plaideur subit une pression morale; il en arrive à être
persuadé qu'il doit nécessairement charger l'agréé de ses intérêts, sous peine de les voir compromis.

» C'est contre cet abus que nous défendons le public. Il
n'a d'autre raison d'exister que le caprice et la vanité des
juges commerciaux. Sous l'ancien régime, tout marquis,
disait-on, voulait avoir des pages. Aujourd'hui, le tribunal
commercial veut se donner le luxe de posséder un barreau
composé d'avocats obséquieux. Cet état de choses est illégal,
préjudiciable aux intérêts du public; pour le faire disparaître,
il suffirait d'une simple circulaire du garde des sceaux, rap-
pelant les juges consulaires et les défenseurs près les tribunaux du commerce au simple respect de la loi.

» E. Lepelletier. »

(*Lyon Républicain* du 30 juillet 1900).

V

GREFFIERS

Auprès des tribunaux civils comme auprès des tribunaux
de commerce, il y a un bureau où se rédigent les formalités
judiciaires, jugements, grosses de jugements, renonciations,
acceptations de successions et quantités d'autres actes. Le
titulaire de ce bureau se nomme greffier, c'est un officier
ministériel.

Les greffiers des tribunaux civils sont rarement en contravention avec les tarifs.

Ils se contentent d'allonger parfois des actes que la loi prescrit de faire plus courts, de faire leurs grosses et expéditions de jugements et autres actes, en forçant la dimension de l'écriture pour augmenter le nombre de rôles, car le rôle ou feuille écrite leur est payé quarante-cinq centimes.

Ils s'allouent aussi souvent, dans les ordres et contributions, des honoraires de rédaction de projets de ces ordres et contributions, alors qu'il ne leur est rien dû de ce chef. Le juge commis aux ordres étant censé faire le travail qui dans la pratique est fait par le greffier.

Les greffiers près les tribunaux de commerce n'ont que des attributions restreintes et peu coûteuses d'après le tarif légal.

Mais profitant de l'inexpérience des magistrats consulaires, dans bien des tribunaux, le greffier joue un rôle prépondérant. C'est lui qui dirige le rôle de la marche des affaires, rédige les jugements.

Aussi, dans la perception de ses droits et honoraires, presque toujours supérieurs à ceux alloués par le tarif, il n'est jamais contrarié par les magistrats.

Dans les faillites et liquidations judiciaires, indépendamment que les frais sont multipliés à plaisir, il y a des greffiers qui demandent des sommes très importantes et dont ils ne rendent jamais un compte détaillé.

Tous ceux qui ont eu à régler des frais de faillites et liquidations judiciaires ont un intérêt majeur à faire réviser les frais de greffe.

Ils ne peuvent qu'y gagner, au moins dans la plupart des cas.

D'ailleurs, il est bon de ne jamais régler une note de frais d'un tribunal de commerce, sans avoir le détail, article par article, des frais de greffe.

VI

SYNDICS DE FAILLITE ET LIQUIDATEURS JUDICIAIRES

Les syndics et les liquidateurs judiciaires sont des agents d'affaires que les tribunaux ont l'habitude de nommer pour liquider les faillites et les liquidations judiciaires. Ils sont syndics, en cas de faillite et liquidateurs en cas de liquidation judiciaire. La plupart du temps, les mêmes agents sont syndics ou liquidateurs, selon les cas.

Aucun tarif ne fixe leurs émoluments. Ils ont l'habitude de les compter en proportion de leur travail et sont soumis à la taxe des tribunaux de commerce.

C'est aux intéressés à veiller que les faillites et liquidations judiciaires ne durent pas trop longtemps.

La loi veut que les opérations en cette matière soient conduites avec célérité : mais les syndics et les liquidateurs trouvent le moyen de prolonger d'autant plus leur mission que l'actif est plus important. Plus ils restent en fonctions, plus ils grossissent leurs mémoires de frais et honoraires.

Il est donc très utile, quand on n'est pas au courant de la matière, de confier ses intérêts à un mandataire avec mandat d'activer les opérations des syndics liquidateurs et de surveiller avec soin leurs opérations.

Voici comment, M. Lepelletier, dans un article paru dans le *Lyon Républicain* du 13 août 1900, apprécie le rôle des syndics-liquidateurs :

« *Les Syndics de faillite.* — Ces études sur les charges ministérielles et les charges à côté, extra-ministérielles, ne seraient pas complètes si on passait sous silence les syndics de faillite.

» Les syndics de faillite, comme les agréés, sont une véritable création du tribunal de commerce. Ils dépendent absolument des juges commerciaux qui les nomment. Avant d'être désignés pour administrer une faillite, ils sont d'abord sélectés pour être aptes au choix du tribunal. C'est uniquément parmi les syndics agréés que le tribunal prend les agents nommés pour gérer les biens du failli et régler sa situation.

» Pour être nommés syndics de faillite, c'est-à-dire pour être reconnu dignes d'entrer dans la corporation fermée qui seule a le monopole des désignations par le juge, il suffit d'être protégé par un des magistrats consulaires. D'anciens maîtres clercs d'avoué ou de notaire ayant, dans leurs études, géré avec soin les affaires litigieuses des juges, sont généralement les titulaires de ces charges que la loi n'a pas créées; et qui sont cependant plus avantageuses que bien des études d'officiers ministériels. Ces charges sont d'autant plus excellentes qu'elles ne coûtent rien et rapportent gros.

» Les faillites ne sont pas toutes bonnes, et les syndics ne sont pas également favorisés. Les juges, là encore, ont tout pouvoir. Ils donnent systématiquement à tel ou tel gros bonnet du syndicat, qu'ils protègent, les grosses affaires, celles où il y a des recettes à percevoir, des traités à passer, un actif à réaliser. Les autres se contentent du relief de cette ripaille judiciaire.

» Pour le failli, le syndic est personnage redoutable. Cet agent d'affaires autorisé dispose en maître absolu de ses biens, de son honneur, de sa liberté. Le concordat est impossible à obtenir sans l'agrément du syndic. Le juge-commissaire ne voit que par les yeux de celui-ci, et ne signe que ce qu'il lui présente.

» Les syndics sont gens pour la plupart irritables et moroses. Ils prennent leur revanche, vis-à-vis de leurs faillis, des courbettes qu'il leur faut prodiguer aux juges consulaires. A plat ventre devant le magistrat ignorant et souvent abasourdi qu'ils pilotent dans les maquis de la procédure, ils se redressent devant les créanciers. On a souvent déblatéré contre les huissiers; les syndics, plus heureux, ont échappé à la rancune et à l'animosité qui accompagnent ces officiers instrumentaires. Ils sont cependant aussi rigoureux, aussi impitoyables que les huissiers, parmi lesquels il est d'excellentes gens. On n'a jamais eu l'idée pourtant de mettre un syndic dans une malle.

» Les abus et les dangers du syndicat, tel qu'il est organisé à Paris, se perpétueront tant que ce sera une profession spéciale et distincte d'administrer et de liquider les faillites, tant que ces agents d'ailleurs constitueront une sorte de corporation comme les huissiers, les avoués, etc. Tout marquis veut avoir des pages, avons-nous dit; tout juge au tribunal de commerce veut avoir son agréé, son syndic.

» Il y a là un phénomène spécial de la justice commerciale. Quand donc portera-t-on la serpe de la vraie justice dans ces végétations de parasites ? Quand donc émondera-t-on cette forêt d'abus et d'injustices qu'on nomme la juridiction commerciale ?

» Ceci montre qu'on pourrait, sans soulever aucune protestation, modifier le recrutement de ce tribunal : car il ne suffit pas de signaler les conséquences d'un abus, il faut, pour y porter le remède, chercher l'origine de ces abus. Pour atteindre les syndics de faillite et les agréés, il faudra certainement s'occuper aussi des juges consulaires. C'est une grosse réforme démocratique à tenter. Le voudra-t-on ?

» E. Lepelletier. »

La campagne menée dans la presse par M. Ed. Lepelletier a pour but d'attirer l'attention publique sur le vieil édifice des « charges ministérielles » et de démontrer que leur suppression ou tout au moins leur réformation s'impose.

Nous poursuivons le même but, et si nous avons signalé avec de brutales précisions, certains des mauvais côtés de ces privilèges, survivants des temps anciens, c'est que nous croyons, pour les raisons que nous avons indiquées plus haut et que M. Lepelletier fait valoir dans un article paru dans le *Lyon Républicain* du 12 juillet 1900, et que nous allons citer, que ces réformes n'aboutiront que lorsque le peuple les imposera. Et ce temps arrivera, lorsque seront tombés tous les préjugés qui font considérer les officiers ministériels et autres hommes d'affaires comme des êtres à part, des agents indispensables, presque infaillibles !... et dont l'honorabilité semble être garantie par le caractère extérieur de leurs fonctions et leur affinité avec les magistrats chargés de rendre la justice.

Quand le peuple sera persuadé que c'est surtout pour remplir les caisses sans fond du Trésor, pour procurer à une catégorie de privilégiés les moyens de s'enrichir à ses dépens, pour faciliter à d'autres favorisés des pouvoirs établis, l'accès des carrières à honneurs et à gros traitements, quand il se rendra compte de tout cela, il s'éloignera de tout ce monde des affaires ; alors un grand pas sera fait dans la voie des réformes judiciaires.

Lorsque les tribunaux n'auront plus de causes à juger, lorsque les avoués, les huissiers, notaires et autres n'auront plus de procédures ou d'actes à diriger ou qu'il n'en auront que très peu, ils se supprimeront d'eux-mêmes.

Comme nous cherchons à bien faire connaître à nos lecteurs tous les abus du système judiciaire actuel, nous donnons ici l'article cité plus haut de M. Lepelletier :

« *Les Exigences du Fisc.* — On doit la justice à tout le monde. Il faut reconnaître que dans la suspicion dont sont l'objet les huissiers, et dans le peu de sympathie qu'ils inspirent à la population, ces coûteux officiers ministériels doivent avoir des compagnons. Il ne faut pas les laisser seuls porter le poids de l'animosité publique.

» Le fisc doit partager la répulsion que les avoués et les huissiers ont assumée. Il est équitable de reconnaître que les droits de l'enregistrement, le papier timbré, les droits de greffe prennent une bonne part de l'épargne du justiciable et figurent pour de gros chiffres dans tout état de frais.

» C'est bien ce qui rend la réforme judiciaire, dont nous avons tracé les grandes lignes dans ces articles, aléatoire et difficile. Le sort des charges ministérielles est lié au budget. L'État trouve dans les avoués, les huissiers, les notaires, les greffiers, des agents de perception admirables, dévoués, actifs, multipliant les recettes, s'efforçant de tondre au plus près le contribuable, y réussissant toujours, et ces merveilleux percepteurs ne coûtent pas un sou au Trésor. Ce sont les justiciables, race taillable et corvéable à merci, qui payent encore les officiers ministériels pour les pressurer au nom du fisc.

» Les officiers ministériels font l'avance au Trésor de tous les menus enregistrements. Ils apportent ainsi à la caisse du fisc une quantité de petites recettes quotidiennes qui se totalisent au bout de la journée et finissent par faire une addition fort respectable.

» Le fisc est donc intéressé à ce que ce mode de perception soit maintenu. Les recettes obtenues par le canal des officiers ministériels sont les meilleures, les plus sûres, puisqu'elles rentrent au fur et à mesure de la cause qui les fait naître, et qu'elles ne comportent aucun prélèvement pour la perception. Le fisc est ainsi le complice des officiers ministériels.

» Dans tous les abus que nous avons dénoncés, le fisc a sa part. Chaque fois que le ministère d'avoué exige un acte inutile, mais onéreux, le Trésor perçoit une partie de la somme extorquée.

» On conçoit alors combien il est téméraire de songer à réduire certains frais de justice, combien de difficultés on soulève, lorsqu'on se propose de toucher à ce monde de la procédure, de supprimer ou de diminuer les charges ministérielles.

» La réforme judiciaire doit donc coïncider avec une réforme financière. Il en est des frais de justice et des frais de monopoles ministériels comme des octrois. Quand on veut les détruire, il faut songer à leur remplacement. Quelles seront les taxes de remplacement à proposer pour boucher les trous que feraient la suppression du monopole des avoués et la réduction des frais d'huissier? C'est une question à examiner. Mais le principe n'en est pas moins établi qu'il est injuste de perpétuer des monopoles qui sont une ruine pour l'épargne, et que l'intérêt du fisc ne suffit pas pour maintenir ces abus scandaleux.

» Les réformes les plus urgentes dans ce sens devraient d'abord comprendre le changement du système de papier timbré.

» Il est absurde et inique que le papier qui sert à toutes les écritures judiciaires ne soit pas proportionnel. Un procès de seize cents francs et une instance de seize cent mille francs exigent à peu près le même nombre de feuilles de papier timbré, au moins pour la procédure ordinaire. Un jugement, qu'il s'agisse de quinze francs ou de quinze cents francs, coûte le même prix comme papier timbré. Il en est de même pour tous les actes d'huissier. Une sommation, une assignation, quel que soit le chiffre de la demande, figure pour le même prix sur l'état des frais. Rien que cette anomalie démontre qu'il y a une réforme équitable, urgente, facile à accomplir, dans le système de la procédure actuelle, et que dans cette réforme, il faut aussi se préoccuper des exigences du fisc.

» E. LEPELLETIER. »

Dans un autre article du même auteur, paru dans le même journal le 21 juillet 1900, l'éminent critique indique le remède à apporter au mal des offices.

Voici cet article :

« *Le Remède au mal des Offices.* — Nous avons résumé, impartialement et sans violence, le texte du Code de procédure civile à la main, les fâcheuses conséquences du système des monopoles judiciaires. Nous avons établi que de par l'existence des charges ministérielles, le public payait une rançon formidable et inutile chaque fois qu'il était appelé à ester en justice ou à participer à un acte de procédure. Nous avons indiqué qu'il était scandaleux de voir les offices ministériels acquérir un prix sans cesse plus élevé, ces offices étant disputés par les amateurs et donnant un rendement

annuel assez fort pour couvrir en quatre ou cinq ans le
capital versé pour le prix de la charge.

» A présent que nous avons mis sous les yeux du public
toutes les conditions dans lesquelles fonctionnent les titulaires
de charges ministérielles et les sommes que ce fonctionne-
ment coûte aux justiciables, sans que le service rendu soit
proportionné au prix qu'on le fait payer, nous allons formuler
le remède à ce mal qui ne fait que croître et s'enraciner, le
mal des offices.

» Il suffirait de modifier quelques articles du Code de procédure civile pour que le monopole des avoués cessât d'être
obligatoire. Les avoués ou avocats consultants pourraient
continuer à recevoir des clients et à donner des avis sur les
procès, mais leur ministère serait facultatif au lieu d'être
forcé. La défense et l'instance en justice seraient libres.

» On remarquera que la loi a permis la défense libre devant
les tribunaux de commerce, en police correctionnelle, en
simple police et devant la justice de paix et le conseil de
préfecture.

» Donc, premier point : suppression d'un membre de phrase
de l'article 61, énonçant les formalités obligatoires à peine
de nullité d'un exploit d'ajournement ou assignation. Ce
membre de phrase est le suivant : « L'exploit d'ajournement
contient, etc., la constitution de l'avoué qui occupera pour
lui et chez lequel l'élection de domicile est de droit. »

» Suppression également de l'article 75, ainsi conçu :
« Le défendeur sera forcé, dans les délais de l'ajournement,
de constituer avoué. »

» Ces deux articles contiennent toute l'existence de la corporation des avoués. Si vous les enlevez, il n'y aura plus que
quelques passages à éplucher dans le Code, notamment pour
les licitations et les ventes, et la défense comme l'instance en
justice redeviendront libres.

» Les justiciables seront allégés d'une dépense considérable. Leurs intérêts se trouveront-ils lésés ou moins bien
défendus ? Ce serait une erreur de le croire. Les avoués, dans
tous les gros procès, laissent les avocats rédiger les défenses
et les conclusions. Il n'y aurait qu'un fatras de papier timbré
en moins. L'importance des avocats sera la même et leurs
honoraires ne subiront que peu d'augmentation de ce fait
qu'ils remettront au tribunal les conclusions qu'ils auront
préparées au lieu de les faire parvenir par l'entremise de
l'avoué.

» Le ministère d'avoué, obligatoire dans tout procès civil,
soit en demandant, soit en défendant, n'a aucune raison

d'être. Il n'a pour lui que la tradition et la routine. À une époque cependant, le ministère des anciens procureurs fut supprimé, et juges et justiciables ne s'en trouvèrent pas plus mal, au contraire.

» Sur le ministère des huissiers, qui est à conserver pour tous les actes d'exécution, saisies et constats, il devrait être réduit en établissant que les assignations, sommations, significations, mises en demeure, qui sont actuellement faites par ministère d'huissier, le seront à l'avenir par la poste, au moyen de lettres recommandées. Les plaisanteries faites su les facteurs transformés en clercs d'huissiers n'empêcherontr pas que la réalité des faits ne démontre que des avis et des convocations de plus haute importance qu'une sommation sont tous les jours transmis par la poste. Est-ce que l'enregistrement, très soucieux de ses recouvrements, ne nous avise pas par une sorte de simple circulaire, mal fermée et pas recommandée, d'avoir à payer des sommes parfois considérables ? L'augmentation des dépenses occasionnées par la substitution des lettres recommandées à domicile aux exploits portés par des saute-ruisseaux, serait couverte par le droit de vingt-cinq centimes perçu de ce chef. Les protêts seraient faits dans les formes employées pour les factures mises en recouvrement à la poste. Un avis serait laissé en cas de non-payement dans les vingt-quatre heures. Ce non-retrait, consigné sur l'avis en double, vaudrait protêt.

» Le ministère des notaires peut être conservé en partie, mais il pourrait ne plus comporter la conservation des minutes. Ces minutes seraient gardées, comme les hypothèques, dans une conservation spéciale. Les frais assez élevés des actes notariés seraient ainsi diminués de moitié. La forme authentique serait donnée par un intitulé et un cachet qui pourraient être apposés par le conservateur des minutes. Le notaire resterait le confident des familles et l'homme d'affaires auquel on aurait recours pour la confection des contrats et des baux et pour la liquidation des successions.

» L'ensemble des réformes que nous préconisons est équitable démocratique, réalisable immédiatement. C'est l'affaire d'un texte de loi annulant ou modifiant une huitaine d'articles du Code de procédure civile et du Code de commerce. Quand le pays sera pénétré de l'importance et de l'intérêt de cette réforme, elle sera faite, car c'est l'affaire d'un projet de loi contre lequel protesteraient seuls les officiers ministériels qui font partie du Parlement, — et encore ce n'est pas bien sûr !

» E. LEPELLETIER. »

L'auteur de l'article indique bien le remède, mais il ne suffit pas de l'indiquer : il faut que le médecin, l'État, dans l'espèce, veuille l'appliquer.

Or, pour les raisons déduites précédemment, et notamment pour des raisons fiscales, la réforme, si urgente qu'elle soit, n'est pas près d'aboutir. Comme nous l'avons dit, il faut l'imposer par la force des choses.

Dans la troisième partie de notre ouvrage nous indiquerons quels sont, à notre sens, les moyens ou plutôt quelques-uns des moyens d'arriver à la suppression des abus des agents de la loi et du système judiciaire, abus supportés parce qu'inconnus et dont nous avons voulu signaler quelques-uns.

DEUXIÈME PARTIE

DES MATIÈRES DE CONSOMMATION
ACCAPAREMENT, FALSIFICATION, ALTÉRATION
DONT ELLES SONT L'OBJET

Le commerce des matières de consommation, celles de première nécessité, devait naturellement donner lieu à une foule d'abus.

De tout temps et surtout actuellement, la spéculation a visé à l'accaparement des articles de première nécessité :

Premier abus.

Pour arriver à l'accaparement, on a vu se fonder des syndicats, de colossales associations de capitaux, les particuliers, individuellement, n'étant pas capables de se rendre maîtres des marchés:

Autre abus.

Dans un but de lucre immodéré, ces syndicats de capitaux, par leur puissance énorme, font la hausse et la baisse, selon leur intérêt; faussent les cours au risque de ruiner les producteurs et les petits intermédiaires :

Encore un abus.

Enfin ils font subir aux marchandises et produits des transformations telles qu'ils sont livrés à la consommation entièrement dénaturés:

Encore un abus et des plus graves.

I

DU VIN

Le vin est certainement le produit de consommation qui a le plus attiré l'attention des commerçants.

Tout le monde cherche à s'occuper du commerce des vins, et comme la concurrence est grande, c'est entre les commerçants une véritable course au bon marché.

Pour livrer bon marché, il faut produire à bon marché. C'est le problème, on pourrait dire l'unique problème aujourd'hui dont tous les spéculateurs cherchent la solution.

Ils ne tiennent pas compte au producteur récoltant de son prix de revient. Si le prix est trop élevé en France, ils s'adressent à l'Étranger.

Si les vins naturels sont trop chers, ils achètent ou fabriquent des vins de raisins secs ou des vins de sucre.

Si les vins blancs, de raisins blancs, sont trop chers, en raison de leur rareté, ils fabriquent des vins blancs avec des raisins rouges qu'ils mettent en vente au même prix et comme s'ils étaient bien le produit de raisins blancs.

Il n'y a certainement pas une marchandise plus dénaturée, altérée et parfois falsifiée que les vins et les eaux-de-vie.

Dans les vins du Midi qui sont employés en général pour faire des coupages, on ajoute des vins d'Algérie.

Les vins de Bordeaux sont faits avec des vins du Midi, d'Espagne, d'Italie ou d'ailleurs.

Ceux de Bourgogne, si renommés, sont rarement livrés à la consommation absolument naturels:

Les grands vins sont additionnés de sucre et d'alcool; les vins ordinaires sont toujours coupés avec des vins du Midi ou de toute autre provenance.

Autant que possible, le commerçant d'aujourd'hui cherche à devenir propriétaire de vignobles, et si sa récolte ne suffit pas à le fournir, il achète non le vin des propriétaires, mais bien leurs raisins. Cela lui procure la possibilité de faire ses cuvées à sa façon et de faire bien souvent avec des raisins ordinaires des vins qui sont vendus comme de qualité supérieure.

Par suite de ses divers procédés, le commerce arrive à pouvoir livrer à un prix plus bas qu'il ne serait obligé de payer s'il achetait au producteur à qualité égale, bien entendu. Si bien que le producteur ne peut écouler directement son vin à la consommation et est obligé de subir les prix offerts par le commerce, souvent peu rémunérateurs pour lui.

C'est donc en vendant des marchandises autres que celles qu'il annonce, que le commerçant trompe le consommateur.

Il n'est pas rare, en effet, de voir des négociants de Bordeaux et de Bourgogne, vendre des vins du Midi, d'Espagne, d'Algérie, d'Italie et d'ailleurs comme des vins naturels de Bordeaux ou de Bourgogne.

Nous n'hésitons pas à dire que c'est profondément immoral et de nature à porter atteinte aux produits authentiques de ces deux régions à juste titre si renommées.

Lorsque la mutualité aura fait assez de progrès, tous ces inconvénients disparaîtront ou seront bien moins fréquents.

II

DES EAUX-DE-VIE

L'eau-de-vie naturelle, l'eau-de-vie de vin ou de marc, prise modérément, ne peut point faire de mal. Nos ancêtres en buvaient, et cela ne les empêchait pas de bien se porter et de vivre très longtemps.

Mais, comme pour les vins, il a surgi aujourd'hui une quantité de fabricants d'eau-de-vie, qui fabriquent leur marchandise avec toute autre matière que les produits de la vigne.

Ils emploient des alcools d'industrie qui leur coûtent de 15 à 20 centimes le litre. Avec des essences diverses, ils donnent à cet alcool l'aspect et le goût qu'ils veulent, et le livrent ensuite à la consommation, à des prix parfois très élevés, sous les noms de Cognac, Armagnac, Béziers, marc de Bourgogne.

Il est certain que ces peu recommandables commerçants, en décorant leurs produits des noms de nos meilleures eaux-de-vie de vin ou de marc, trompent le consommateur et portent atteinte à la vente des produits authentiques.

La loi devrait obliger les fabricants d'eau-de-vie à indiquer si leurs produits sont d'essence naturelle ou de fabrication avec des matières étrangères au vin.

Il y a des maisons qui ont édifié des fortunes considérables en vendant comme eaux-de-vie de vin, des eaux-de-vie de fabrication, et alors que les bouilleurs de cru ne reçoivent aucune offre pour leurs eaux-de-vie naturelles et authentiques.

C'est encore un abus que la mutualité doit faire disparaître.

III

DES VINAIGRES

Le vinaigre est encore un produit de grande nécessité. Aussi la fraude ne l'a pas épargné !

Sous le nom de vinaigre de vin on vend des vinaigres de bois et d'alcool tous produits par des combinaisons chimiques.

Le vinaigre de vin est excellent et se vend relativement cher. Aussi les négociants peu scrupuleux s'appliquent-ils à vendre des vinaigres d'industrie comme vinaigre de vin. Il y en a qui achètent des vinaigres de bois qui leur reviennent droits compris à 15 centimes le litre, et qu'ils revendent 40 et 50 centimes à la consommation.

Voilà encore des abus à faire disparaître.

TROISIÈME PARTIE

DE LA MUTUALITÉ

Nous venons, dans les deux premières parties de cette brochure, d'indiquer, entre tant d'autres, quelques-uns des abus dont souffrent les justiciables, les plaideurs et les consommateurs.

Nous n'avons pas la prétention d'indiquer le remède à tous ces abus, mais cependant nous croyons qu'il n'est pas sans intérêt de les divulguer, de les signaler à l'attention des intéressés.

Un homme prévenu en vaut deux.

Mais si nous ne pouvons pas trouver un remède infaillible contre le mal que nous signalons, nous pouvons cependant indiquer les moyens de l'atténuer dans une grande mesure.

Depuis quelques années les questions de mutualité sont agitées à peu près dans tous les milieux.

Nul ne peut en méconnaître les avantages et les bienfaits.

Il faut constater cependant que, jusqu'ici, les associations mutuelles ont trop négligé de porter leurs vues sur le terrain de l'alimentation.

Il s'est fondé, il est vrai, bien des syndicats agricoles, mais en général les effets de ces syndicats s'arrêtent au moment où les produits agricoles sont arrivés à l'état de revenu, sont prêts à être livrés à la consommation.

Les syndicats s'occupent des instruments de travail, des engrais et autres questions touchant les moyens de production et laissent de côté la question importante entre toutes, celle de l'écoulement des produits agricoles.

Pourquoi les syndiqués ne feraient-ils pas le nécessaire pour livrer leurs produits directement à la consommation, sans passer par l'intermédiaire du commerçant qui non seulement va les dénaturer mais les grever de 50 0/0 de leur valeur, sans profit pour le producteur et au préjudice du consommateur?

D'autre part, pourquoi les consommateurs, dont beaucoup sont syndiqués sous d'autres rapports, ne font-ils pas porter les effets de leurs associations sur l'approvisionnement direct aux sources de production ?

Les producteurs répondent qu'ils manquent des moyens nécessaires pour se mettre en rapport direct avec les consommateurs. Ils ne peuvent pas voir comme le négociant, la clientèle de consommation, ce qui est indispensable pour arriver à la vente. D'autres ont besoin d'argent et sont forcés de livrer au commerce.

Les consommateurs portent pour raisons, que s'ils peuvent se syndiquer en ce qui concerne les moyens et le prix du travail, il n'en est pas de même pour ce qui touche à l'alimentation. Ils n'ont pas les connaissances nécessaires aux choix des matières de consommation. Pas de crédit souvent nécessaire. Le commerçant offre toutes facilités, fait du crédit, prête son matériel et enfin va offrir les marchandises chez le consommateur.

Eh bien, pas plus chez les uns que chez les autres, ces raisons ne sont sérieuses. Les obstacles qui existent, en réalité, sont facilement surmontables par la mutualité bien comprise et pratiquée dans ses parties essentielles.

En effet, les syndicats agricoles peuvent bien réunir leurs produits comme ils réunissent les moyens de production et par le moyen de délégations en opérer le placement directement à la consommation.

Celui qui est nécessiteux reçoit une avance de l'association, en attendant l'écoulement de ses produits. Cela lui permet d'attendre et de mieux vendre.

Dans toutes les associations, il se trouve des gens de relations, d'instruction et d'aptitudes suffisantes pour faire ce que fait le commerçant. Le commerçant est obligé d'acheter la marchandise, tandis que le producteur s'en trouve détenteur naturellement. Il est donc plus fort que ce dernier, soit sous le rapport du crédit, soit sous le rapport des autres moyens d'écoulement.

En ce qui concerne les consommateurs :

Comment! les travailleurs s'associent admirablement sous le rapport politique, sous le rapport d'assistance mutuelle et sous bien d'autres rapports, et ils ne pourraient s'associer pour ce qui concerne leur alimentation, c'est-à-dire les matières principales à leur existence?

Non seulement nous ne le pensons pas, mais nous sommes convaincu du contraire.

La mutualité bien comprise, telle qu'elle doit être, doit procurer toutes les ressources nécessaires à la suppression des abus et des excès dont souffrent les membres des associations.

Le jour où les associations de producteurs bien organisées entreront en rapports directs avec les associations de consommateurs, la suppression des intermédiaires sera un fait accompli, au moins en ce qui concerne les matières de grande consommation qui se trouveront ainsi dégrevées de 50 0/0 au profit du consommateur.

La loi, en autorisant la formation des Syndicats et Sociétés coopératives, a eu en vue de procurer aux associations des avantages dont les particuliers ne peuvent bénéficier isolément.

La production et la consommation sont deux énormes forces. Le jour où elles seront en rapports directs, on verra disparaître bon nombre de spéculateurs qui s'enrichissent des bénéfices qu'ils enlèvent à l'une et à l'autre.

Ce sera le triomphe du travail et de la probité, et la condamnation, pour nous servir d'un mot proclamé par le Congrès des Sociétés coopératives de 1900, de l' « Immoralité du système commercial et industriel actuel ».

Au point de vue pratique, les associations de producteurs pour l'écoulement de leurs produits peuvent constituer des mandataires, des spécialistes qui se mettront en relations avec des délégués ou mandataires des associations des consommateurs et traiteront absolument de la même façon que les intermédiaires entre producteurs et commerçants.

On évitera ainsi le passage des produits par deux ou trois intermédiaires qui prélèvent chacun un bénéfice, et le plus souvent font subir, chacun également, des modifications aux marchandises qui, fatalement, arrivent à la consommation absolument dénaturées et parfois à tel point altérées qu'elles deviennent dangereuses pour la santé publique.

Notre raisonnement, nous le répétons, s'applique plus particulièrement aux vins et spiritueux.

Pour l'appuyer d'un exemple saisissant, nous dirons, et nous pouvons l'affirmer, que beaucoup de marchands de vin achètent leurs vins dans des entrepôts dirigés la plupart du temps par des associations importantes de capitaux.

Or, ces entrepôts s'approvisionnent dans tous les pays du monde et par le moyen de mélanges et de savantes combinaisons auxquelles la chimie n'est pas toujours étrangère, ils arrivent à établir tous les types possibles de vin.

Ils livrent à tout prix.

Ils vendront pour 25 francs l'hecto un type de vin qui en vaudra 35 ou 40 pris à la production.

Il en est de même des eaux-de-vie.

Dans toutes les épiceries, on trouve des eaux-de-vie de marque, telles que : Cognac, Armagnac, Béziers, cotées 1,75, 1,50 et 1,25 le litre, alors que les droits de régie seuls s'élèvent à 90 centimes par litre. Il resterait donc pour le prix de la marchandise, le prix du verre, le bénéfice du fabricant et celui de l'épicier, 85, 60 ou 35 centimes pour des eaux-de-vie de vin !

Ce ne sont évidemment que des produits d'alcool d'industrie, avec des mixtures diverses selon l'origine, la qualité et l'âge que l'on veut donner à la marchandise.

Nous proclamons bien haut, et on ne saurait jamais trop le répéter, qu'il est souverainement injuste et profondément immoral que les lois ne protègent pas d'une façon plus efficace les produits authentiques du sol.

C'est un état de choses préjudiciable au premier chef à celui qui travaille toute une année pour obtenir des produits qu'il se verra refuser, quoique absolument naturels, à cause de ceux qui sont livrés, sous le même nom, et qui ne sont cependant que le résultat de savantes fabrications.

Eh bien, la mutualité, c'est-à-dire l'association des deux grandes forces de production et de consommation, aura raison de tous les spéculateurs. Nous ne parlons pas des commerçants honnêtes, — et ils sont nombreux, — qui se contentent de chercher dans le commerce, un moyen de vivre et de se créer une situation honorable.

Les questions politiques ont leur intérêt, mais elles profitent seulement à quelques-uns, et dans la pratique, la grande masse n'en retire aucun bénéfice.

Ce que l'on doit rechercher, ce à quoi doivent tendre tous les efforts des personnes vraiment sensées, c'est l'amélioration du sort des humains.

Ce résultat sera atteint lorsque l'on saura profiter des avantages que l'on peut retirer de la mise en commun des moyens d'existence.

Ne vaut-il pas mieux, lorsqu'une difficulté survient entre particuliers, en saisir le syndicat ou l'association dont on fait partie, que de se lancer aveuglément dans des procès sans fin et toujours très onéreux pour tous ?

Le jour où les contestations seraient soumises à un tel arbitrage avant de les porter en justice, il est certain que 90 sur cent des affaires judiciaires seraient arrangées sans aucuns frais.

Ce serait les trois quarts du chemin parcouru vers la suppression de tous les monopoles et privilèges que nous avons critiqués. Dans tous les cas, les réformes qu'ils comportent s'obtiendraient d'autant plus facilement qu'ils se trouveraient atteints dans leur principal résultat : l'enrichissement de ceux qui les détiennent.

Il en serait de même des accapareurs et spéculateurs. Le jour où, par le moyen de la mutualité, on pourrait éviter d'avoir recours à leur intermédiaire, ils se trouveraient mortellement atteints, pour l'honnêteté commerciale et le grand bien de tous.

Il s'agit donc de profiter des lois qui autorisent les associations pour organiser enfin la solidarité, la véritable fraternité.

www.ingramcontent.com/pod-product-compliance
Lightning Source LLC
Chambersburg PA
CBHW071329200326
41520CB00013B/2922